Hans-Joachim Neumann
Erbkrankheiten in europäischen Fürstenhäusern

Hans-Joachim Neumann

Erbkrankheiten in europäischen Fürstenhäusern

Habsburg
Hohenzollern
Romanow
Welfen
Wettiner
Bourbonen

edition q

Anschrift des Autors

Prof. Dr. med. Dr. med. dent. Hans-Joachim Neumann,
Medizinische Fakultät (Charité) der Humboldt-Universität zu Berlin
Schumannstr. 20/21, O-1040 Berlin

Die Deutsche Bibliothek – CIP-Einheitsaufnahme

Neumann, Hans-Joachim:
Erbkrankheiten in europäischen Fürstenhäusern / Hans-Joachim Neumann –
Berlin: edition q Verl.-GmbH, 1993.
ISBN 3-86124-246-X

Umschlagabbildungen
(von links nach rechts und oben nach unten):
Philipp IV. / Friedrich der Große / Erzherzogin Margarete /
Kurfürst Joachim II. / Anna von Böhmen und Ungarn /
Friedrich III. / Friedrich Wilhelm I.

Gesamtherstellung: Clausen & Bosse, Leck
Printed in Germany

Inhalt

Vorwort

Die vormals regierenden Herrscherhäuser Europas werden in Form eines biographischen Lexikons vorgestellt, wenn auch unter anderen Gesichtspunkten als unter rein historischen. Den Schwerpunkt bilden Erbkrankheiten in diesen Dynastien sowie Betrachtungen zum Ursprung und zur Auswirkung der Krankheiten auf die Handlungsweisen der Betroffenen.

Der Leser erfährt durch Wort und Bild etwas über das Aussehen, die Vererbung und den möglichen Ursprung des Habsburger Familientypus und macht zugleich einen Spaziergang, aber keine wissenschaftliche Führung, durch die deutsche Geschichte, der in diesem Fall auch ein Bummel durch die Geschichte Europas ist.

So unterschiedlich die Charaktere und politischen Handlungen und Haltungen der Habsburger auch waren: in einem Punkt waren sie sich alle ähnlich – in ihrem ganz spezifischen Aussehen, so daß zu Recht von einem Familientypus gesprochen werden kann. Fast alle hatten einen zu großen Unterkiefer, abgeflachte Jochbeinpartien und lange schlanke Nasen, selten ohne Höcker. Bei voller Unterlippe gestaltete sich der Mundschluß durch den ausladenden Unterkiefer oft schwierig, wobei nicht alle Habsburger den Familientypus so aufdringlich zur Schau trugen wie Kaiser *Karl V.* Nach einer Anekdote soll ihm ein Bauer, als der Kaiser nach Spanien ritt, zugerufen haben: „Eure Majestät, schließen Sie Ihren Mund, die Fliegen dieses Landes sind sehr unverschämt." Genau das konnte er aber nicht, sein Unterkiefer „stand ihm im Wege".

Über den Ursprung des Habsburger Familientypus sind die Meinungen geteilt. Angeschuldigt wurde halb Europa – vom Baltikum bis zu den Pyrenäen, von Litauen bis Portugal. Direkt angesprochen waren die Tiroler, Burgunder, Portugiesen, Spanier und die Polen, die es sogar doppelt traf.

Aber eines Imports bedurfte es meiner Meinung nach nicht, denn dieser Typus war von Anfang an Habsburger Familienbesitz, der sich dagegen als ein durchschlagskräftiger Exportartikel erwies.

Wir beleuchten also nicht nur die möglichen Herkunftshäuser, sondern verfolgen gleichermaßen den Habsburger Typus, den sie durch Vermählung in andere Fürstenhäuser trugen. Wenn man die Familiengeschichte anderer Dynastien aufschlägt, so ist man fast erschrocken, denn überall „habsburgert“ es.

Sorgen dieser Art kannten die Hohenzollern nicht – sie traf es anders. „Denn sterben ist sanfft, aber dies Leiden ist viehisch“ meinte der zweite Preußenkönig, dem man alles, aber keine Wehleidigkeit nachsagen kann. Die Gicht war es, die ihn verzweifelt zum Pinsel greifen ließ, und so entstanden seine naiven, aber oft originellen Gemälde, über deren künstlerischen Wert Zweifel nie aufkamen, auch wenn der König sich kollegial zwischen *Cranach, Raffael, Rembrandt* und *van Dyck* plazierte. Das Schloß Kossenblatt scheint sein „ausgewählte(r) Ort für Podagra und Malerei gewesen zu sein“, denn hier entstanden seine schlichten Bilder, sozusagen am Fließband. Der König wußte, daß er im exklusiven Club der berühmten Meister einen Platz von Dauer nicht finden konnte, aber er fand Ablenkung von seinen Schmerzen. Und so versah er seine Bilder mit dem Signum „In tormentis pinxit“ – in Schmerzen gemalt. Hätten seine Vorgänger und Nachfolger seine künstlerischen Neigungen an der Staffelei geteilt, auch sie hätten ihre Gemälde mit diesem Signum versehen müssen, denn mit der Gicht konnten auch sie aufwarten.

Überhaupt sind ihre Krankengeschichten oft zum Verwechseln ähnlich, und ihre Todesursachen lesen sich alle gleich: den einen traf der Schlagfluß, den anderen raffte die Wassersucht dahin. Und noch etwas hatten sie gemein: den frühen Tod.

Bei einigen brandenburgischen Kurfürsten und preußischen Königen ist die Gicht durch Zeugnisse belegt. Wenn hier und da direkte Hinweise fehlen, so drängt sich häufig auf indirektem Weg ein solcher Schluß auf: durch Arzneianforderungen, Briefe und eigenhändige Aufzeichnungen, durch Arztberichte über den Gesundheitszustand bzw. den Krankheitsfall. Eine derartige Häufung von familiären Gichtfällen geht über das Maß weit hinaus, das man als Folge eines Schlemmer- und Genießerlebens konzedieren kann, wofür die Gicht ja als Paradebeispiel stand.

Bei den Hohenzollern hat ohne Zweifel eine genetisch bedingte primäre Gicht vorgelegen. Die Häufigkeit der Anfälle dagegen hatte schon etwas mit äußeren Faktoren zu tun, denn diätetisch lebte niemand von ihnen, im Gegenteil. Daran änderte auch die

Tatsache nichts, daß *Friedrich der Große* meinte: „Sie können sich nicht vorstellen wie mäßig ich bin. Ich koste bloß meine Speisen und esse nur, um mich zu stärken." Hier sagte er nicht die Wahrheit.

Eine Erbkrankheit ganz anderer Art, die sich über Europas Fürstenhäuser wie ein Flächenbrand ausbreitete, hinterließ die englische Königin *Viktoria*, die also nicht nur das nach ihr benannte Zeitalter schuf. Daß dieses Erbe nicht auszuschlagen war, wurde durch viele fürstliche Bluter zur traurigen Gewißheit.

Von England ausgehend eroberte die Hämophilie das europäische Festland und wirkte sich besonders verhängnisvoll in Deutschland, Rußland und in Spanien aus.

Über den hessischen Umweg gelangte die Bluterkrankheit zu den Hohenzollern, aber auch ins Zarenhaus. Hier hätte die Hämophilie *Alexejs*, einziger Sohn des letzten russischen Zaren, *Nikolaus' II.*, politische Konsequenzen haben können, wenn nicht die Weltgeschichte ganz andere Wege gegangen wäre und eine Revolution die Dynastie der Romanows beendet hätte.

In der spanischen Monarchie ergeben sich mit *Alfonso*, dem bluterkranken Kronprinzen, echte Parallelen. Ebenfalls über einen hessischen Umweg, wenn auch über den der Battenbergs, gelangte die Hämophilie nach Spanien. Aber in Madrid wie in St. Petersburg wurde der Monarch gestürzt, bevor es zum Thronwechsel kam.

Um den historisch und medizinisch interessierten Leser anzusprechen, werden neben der Krankheit auch immer die besonderen Leistungen der historischen Persönlichkeiten genannt, so daß jeweils ein Zeitgemälde entsteht. Vor diesem Hintergrund werden manche Handlungsweisen transparenter, wenn auch nicht immer akzeptabler. Wenn Kritik angebracht war, so wurde auch Nachsicht geübt, denn strenge historische Maßstäbe mag der anlegen, der von Berufs wegen dazu verpflichtet ist. Dabei wird jeder Versuch einer objektiven Geschichtsschreibung immer durch die Individualität des Verfassers geprägt sein, ganz abgesehen von der Quellenfindung und ihrer subjektiven Interpretation.

Wenn auch dieses Buch wieder in einer hervorragenden Ausstattung erscheint, möchte ich mich dafür bei der Quintessenz Verlags-GmbH bedanken.

Berlin, im Januar 1993 Hans-Joachim Neumann

1

Unterm Doppeladler

Der Habsburger Familientypus

Ein Wort vorweg

Mit dem Habsburger Familientypus beschäftige ich mich seit Jahren. Angeregt dazu wurde ich, als ich in meiner Tätigkeit als Hochschullehrer Vorlesungen vorbereiten mußte.

Von der Absicht geleitet, den Studenten einen möglichst aktuellen Wissensstand zu vermitteln, habe ich bei der Abhandlung von Anomalien im Mund-, Kiefer- und Gesichtsbereich besonderes Augenmerk auf die möglichen Ursachen der verschiedenen Krankheitsbilder gelegt. Zwangsläufig mußte ich mich mit genetischen Problemen auseinandersetzen. Als es um die Darstellung der Progenie (eigentliche Bedeutung des Wortes: vorstehendes Kinn) ging, fand ich den Hinweis, daß die Vererbung dieser Anomalie gut an den Habsburgern abzulesen sei.

Daraufhin besorgte ich mir in- und ausländische Literatur und war erstaunt, daß sich viele Genetiker, Genealogen und Historiker mit dem Phänomen des Habsburger Familientypus beschäftigt hatten.

Da mich von jeher Historisches interessierte, fiel es mir relativ leicht, mich in Vergangenes einzuarbeiten und die genealogischen Zusammenhänge des Hauses Habsburg zu erfassen. Alsbald war mir klar, daß fast alle Habsburger progen waren, so daß zu Recht von einem Familientypus gesprochen werden kann. Am interessantesten erschien mir allmählich die Frage nach dem Ursprung oder nach der Herkunft dieses charakteristischen Familientypus, und bei der Suche nach einer Antwort fand ich einige interessante, wenn auch nicht durchweg diskutable Hypothesen.

Über die aus der Literatur bekannten Ansichten zum Ursprung dieses charakteristischen Familientypus hinaus, deren Hieb- und Stichfestigkeit von mir kritisch gegeneinander abgewogen wurde, bin ich zu der Auffassung gelangt, daß kein anderes Herrscherhaus in Europa dieses Merkmal in das Haus Habsburg getragen hat. Es ist von Anfang an Habsburger Besitz gewesen. Dieser Typus bedurfte keines Imports – dagegen erwies er sich als ein durchschlagskräftiger Exportartikel.

Im Laufe der Jahre hat sich eine Fülle von Material über die Habsburger und die mit ihnen verwandten Fürstenhäuser Europas angesammelt, so daß sich für mich das Problem einer geeigneten

Darstellung ergab. Eine reine Aufzählung der sich einander ablösenden Herrscher und die stereotype Beschreibung ihres Gesichtstypus erschien mir ungeeignet und für den Leser ermüdend. So entschloß ich mich, nach Art eines biographischen Lexikons, Medizinisches und Historisches miteinander zu verbinden.

Wer Freude an dem eigentümlichen Aussehen der Habsburger hat, der kann hier aus dem Vollen schöpfen. Daß der Typus über Jahrhunderte stabil war und sich durch die Verbindung mit anderen europäischen Herrscherhäusern, die über dasselbe Merkmal verfügten, ständig weiter festigte, vor allem aber durch den hohen Inzuchtgrad in Folge von Verwandtenehen der Habsburger selbst, läßt sich unschwer ablesen.

Der Leser erfährt durch Wort und Bild etwas über das Aussehen, über die Vererbung und die mögliche Herkunft des Habsburger Familientypus. Neben einem Schmunzeln über diese „schiefen Goschen" der Habsburger macht er – so ganz nebenbei – einen Bummel, aber keine wissenschaftliche Führung durch die Geschichte Deutschlands, der in diesem Fall auch ein Bummel durch die Geschichte Europas ist.

Der Familientypus der Habsburger

Die Habsburger sind in doppelter Hinsicht eine bemerkenswerte Familie. Jahrhundertelang stellten sie die deutschen Kaiser, und ihr Name ist untrennbar mit dem Heiligen Römischen Reich verbunden.

Das ist die Seite, die den Historiker beschäftigt und den historisch bewanderten Leser anspricht. Den Mediziner aber fasziniert noch etwas anderes, das ist die Eigentümlichkeit ihres Aussehens. Fast alle Habsburger hatten einen zu großen Unterkiefer und eine wulstige Unterlippe. In der Fachsprache bezeichnet man das als Progenie. Die eigentliche Bedeutung dieses Wortes, nämlich vorstehendes Kinn, trifft den Inhalt nicht ganz, denn das Kinn steht nur deshalb oder scheinbar vor, weil der Unterkiefer zu groß ist. Daß diese Anomalie erblich bedingt ist, läßt sich lehrbuchhaft an den Habsburgern nachweisen, so daß dieses Herrschergeschlecht auch für Mediziner, insbesondere aber für Genetiker von außerordentlichem Interesse ist. Der Habsburger Familientypus ist ein klares Beispiel für einen ganz bestimmten Erbgang.

Wie liegen die Erbgangsverhältnisse bei der Progenie im allgemeinen und wie liegen sie bei der Progenie der Habsburger? Ohne in fachwissenschaftliche Erörterungen abgleiten zu wollen, soll zum besseren Verständnis der Vererbung dieser Anomalie für den auf diesem Gebiet weniger bewanderten Leser ein erklärendes Wort vorausgeschickt werden. Von vielen Fachleuten wird heute als ätiologisches Prinzip ein multifaktorielles genetisches System angenommen. Im Klartext heißt das, daß eine Progenie durch mehrere Erbfaktoren, deren genaue Anzahl unbekannt ist, verursacht wird. Zu den Erbfaktoren kommen exogene Noxen, also Umwelteinflüsse hinzu. Die Wechselbeziehung von Erbe und Umwelt bedingt dann die Entstehung einer Progenie.

Die Ergebnisse von Zwillingsuntersuchungen und die klinischen Erfahrungen anhand von Einzel- und Familienanamnesen sprechen andererseits dafür, daß die Progenie monogen, das heißt nach den Mendelschen Gesetzen vererbt wird. Das erste Beispiel für einen klar analysierten autosomal-dominanten, also monogenen Erbgang ist die von *Farabee* 1905 beschriebene amerikanische Familie mit einer Brachydaktylie (Kurzfingrigkeit). Nach meiner Erfahrung, die sich auch auf die Ergebnisse einer von mir veranlaßten Dissertationsschrift stützt, wird die Progenie überwiegend autosomal-dominant vererbt. Auf jeden Fall aber die Habsburger Progenie, die als ein klares Beispiel für diesen Erbgang steht. Es gibt in der Fachliteratur viele Mitteilungen, wonach eine Progenie ziemlich regelmäßig von Generation zu Generation mit einer durchschnittlichen Wahrscheinlichkeit von 50 Prozent vererbt wird, auch wenn Penetranzschwankungen einkalkuliert werden müssen. Nirgends aber läßt sich der Nachweis besser führen als anhand eines solchen Herrscherhauses, denn wo sonst kann auf eine solche Fülle von bildlichen Darstellungen und schriftlichen Zeugnissen zurückgegriffen werden?!

Ein historisch bekanntes wie humangenetisch gleichermaßen interessantes Beispiel für diese Anomalie ist also die Progenie der Habsburger, die sich über Jahrhunderte zurückverfolgen läßt, wobei der Ausprägungsgrad schwankte. Da die Habsburger seit 1438 bis zur Auflösung des Heiligen Römischen Reiches 1806 die deutschen Kaiser stellten, ist die Rückverfolgung des eigentümlichen Familientypus mühelos möglich, da sie selbstredend von den besten Künstlern ihrer Zeit porträtiert wurden. Daß die Habsburger fast ausnahmslos, auf jeden Fall aber die Herrschergestalten, denselben Typus aufwiesen, ist nicht zu bestreiten. Generationen von Genetikern und Genealogen haben sich mit diesem Phänomen beschäftigt.

In bezug auf die Sicherheit in der Aussage und den Ausprägungsgrad der Progenie stelle ich den weiteren Ausführungen eine Gliederung voran, die mir sinnvoll und inhaltlich gerechtfertigt erscheint. Danach sollten drei Epochen unterschieden werden:
- die unsicheren Anfänge von *Rudolf I.* zu *Ernst dem Eisernen*,
- die Klassikerreihe von *Friedrich III.* zu *Leopold I.*,
- der lange Nachsommer.

Korrekterweise müßte ein vierter Punkt, die spanischen Habsburger, aufgeführt werden. Da sie aber den Familientypus hervorragend repräsentierten, sind sie der Klassikerreihe zuzurechnen.

Eine kurze historische Reminiszenz scheint mir zum besseren Verständnis an dieser Stelle angebracht zu sein. Mit der Wahl *Rudolfs I.* 1273 zum deutschen König, der bald die päpstliche Krönung zum Kaiser des Heiligen Römischen Reiches folgte, trat das Haus Habsburg heraus aus politischer Bedeutungslosigkeit, in die es nie mehr zurückkehren sollte. Mit *Rudolf* wurde die kaiserlose Zeit, die Zeit des Interregnums, nach 19 Jahren beendet und zugleich das Habsburgische Kaisertum begründet, das allerdings nicht erblich wurde, wie *Rudolf* es angestrebt hatte.

Was verbarg sich hinter dem Begriff Heiliges Römisches Reich Deutscher Nation? Es war die Bezeichnung des von *Otto I.* aus dem Sachsenhause 962 gegründeten und bis 1806 bestehenden deutschen Reiches. In diesem deutschen Kaisertum lebte damit zugleich das römische Imperium fort. Bis zu Kaiser *Maximilian I.* war nur die Bezeichnung Heiliges Römisches Reich üblich, erst jetzt kam die einengende Bezeichnung Deutscher Nation hinzu. Bei der deutschen Kaiserwürde handelte es sich um ein Titular- oder Wahlkaisertum; ein Kollegium von sieben Kurfürsten – es waren nicht immer sieben! – wählte den deutschen König, der Papst krönte ihn zum römischen Kaiser oder auch nicht. Diese

Kaiserkrönung war nicht zwangsläufig. *Friedrich III.* war der letzte Habsburger, der in Rom gekrönt wurde. Andere mußten jahrelang auf den päpstlichen Segen warten, und Kaiser *Karl V.* war schon der letzte, der sich diesem Zeremoniell überhaupt noch unterzog. Die Verhältnisse zwischen Papst und Kaiser, korrekter zwischen dem Papst und den Habsburgern waren durchaus nicht immer so, daß sich eine Krönung von selbst verstand.

Die Vielzahl der Namen und die genealogischen Zusammenhänge sind für den Leser verwirrend. Dort, wo eine bessere Übersichtlichkeit und schnellere Orientierung durch Stammtafeln erreicht werden kann, werden Tabellen eingefügt. Zu einer weiteren Straffung durch Weglassung konnte ich mich schwer entschließen, weil alle aufgeführten Persönlichkeiten einen Baustein zur Beantwortung der Frage nach der Erblichkeit bilden.

Im Hause Habsburg können verschiedene Linien unterschieden werden.

Albrecht der Weise, von dem noch die Rede sein wird, hatte zwei Söhne (insgesamt hatte er vier): *Albrecht III.* mit dem Zopfe und *Leopold III. der Gerechte*. Deren Nachfahren bildeten die albertinische und die leopoldinische Linie. Die albertinische Linie starb aus, aus der leopoldinischen wurde die Kaiserlinie (Stammtafel S. 19).

Nach der Regierungszeit *Karls V.* trat die nächste Teilung ein, in eine spanische, die sein ältester Sohn *Philipp II.* fortsetzte und in eine österreichische Linie, die Karls Bruder, Kaiser *Ferdinand I.*, anführte. Mit *Karl VI.* starb die österreichische Linie im Mannesstamm aus und wurde mit *Josef II.* aus dem Hause Habsburg-Lothringen fortgesetzt.

Nach *Rudolf I.*, dem ersten römischen Kaiser aus dem Hause Habsburg, folgten sein Sohn *Albrecht I.* (1298–1308) und sein Enkel *Friedrich der Schöne* (1314–1330) in der Kaiserwürde, aber nicht nahtlos, sondern nach zeitlichen Intervallen.

Mit *Albrecht dem Weisen* (1298–1358), einem Bruder *Friedrichs des Schönen*, der als Stammvater der Habsburger bezeichnet werden kann, trat das Herrschergeschlecht endgültig auf den Plan der Geschichte. Nach seinen Söhnen folgte die schon erwähnte Teilung seines Hauses in eine leopoldinische und albertinische Linie, die mit dem Tode von *Ladislaus Postumus* 1457 ausstarb. Die leopoldinische Linie wurde die Habsburger Kaiserlinie, die mit *Friedrich III.* im Jahre 1440 begann und bis zum Ende des Heiligen Römischen Reiches im Jahre 1806 andauerte. Man kann sich über das Jahr der Auflösung des Heiligen Römischen Reiches streiten, denn Kaiser *Franz II.* hatte schon 1804 in Vorahnung der kommenden Dinge den Titel Kaiser von Österreich angenommen bis das alte Reich 1806 nach den Siegen Napoleons bei Jena und Auerstedt endgültig zusammenbrach.

Damit brach das Haus Habsburg-Lothringen aber nicht zusammen. Das Heilige Römische Reich, das spätestens nach dem 30jährigen Krieg ausgedient hatte, wurde nach fast 1000 Jahren endgültig zu Grabe getragen – seine Geschichte ist auch die Geschichte Habsburgs.

Die unsicheren Anfänge von Rudolf I. zu Ernst dem Eisernen

Die bescheidenen Anfänge in bezug auf den Habsburger Familientypus reichen von Kaiser *Rudolf I.* bis zu *Ernst dem Eisernen* (Stammtafel 1).

Wir bewegen uns hier aber noch teilweise im Bereich des Spekulativen, bei einigen Habsburgern aber scheint der Typus schon vorgelegen zu haben.

Für die Beantwortung der Frage nach dem möglichen Ursprung des Habsburger Familientypus ist diese Beobachtung und Feststellung von Bedeutung. Ich komme am Ende auf diesen Punkt zurück.

Von *Rudolf I.* bis zu Herzog *Ernst dem Eisernen* werden jene Mitglieder des Hauses Habsburg besonders herausgehoben, die nach meiner Meinung den Typus schon verkörperten. Um die genealogische Verwirrung nicht auf die Spitze zu treiben, wird auf die Beschreibung der familiären Einordnung und Zusammenhänge verzichtet. Der interessierte Leser kann sie der Stammtafel 1 entnehmen (Seite 19).

Rudolf I. war der erste Kaiser aus dem Hause Habsburg. Ihn aber zugleich als den Stammvater des Familientypus zu bezeich-

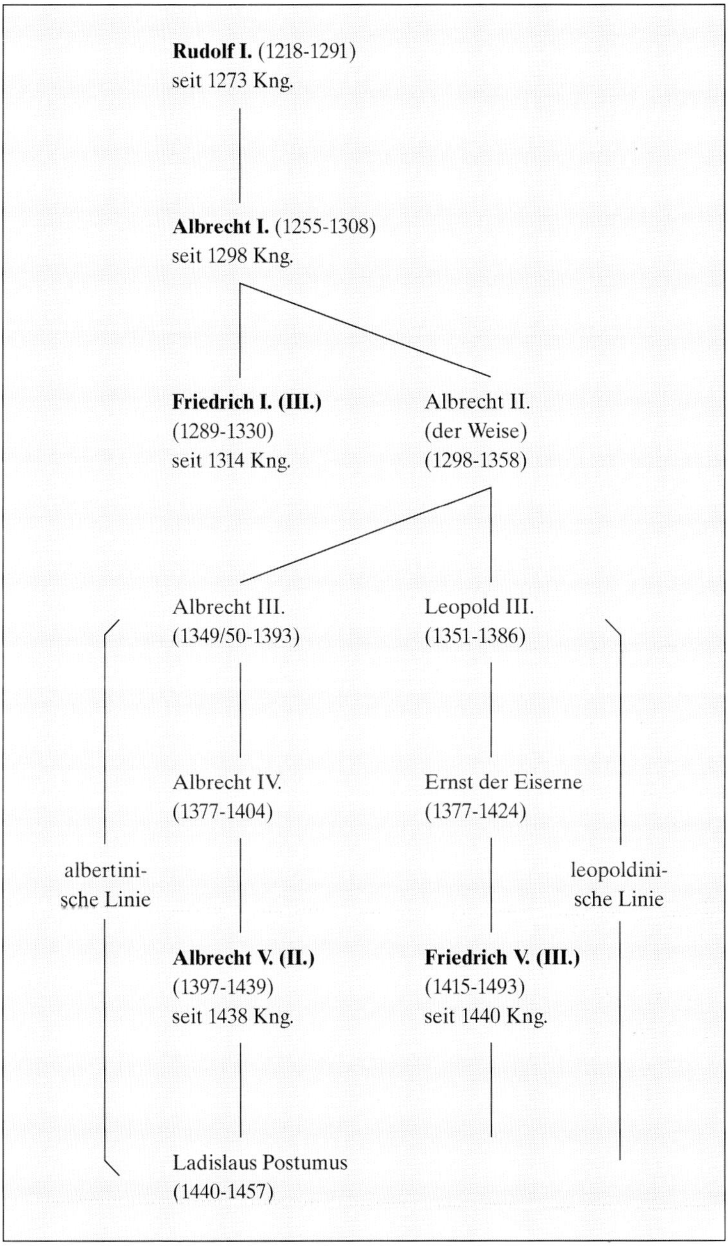

Tafel 1 Die frühen Habsburger mit der Teilung in eine albertinische und eine leopoldinische Linie

nen, halte ich für gewagt. Da zuviel Unsicherheit im Spiel ist, lasse ich ihn besser weg. Anders sieht es dagegen mit seinem Sohn König *Albrecht I.* (1255–1308) aus, der für mich eine Progenie hatte. Auch dessen Söhne *Friedrich der Schöne* und *Albrecht II. der Weise* (1298–1358) lassen schon Besonderheiten erkennen – für einen typischen Habsburger hatten sie beide aber wohl zu wenig in die Waagschale zu werfen. Unter *Albrechts* vier Söhnen war möglicherweise nicht einer progen. Nicht ganz sicher bin ich mir jedoch bei *Rudolf IV. dem Stifter*, zumal sein Porträt wie eine Beschreibung über ihn eine wulstige Unterlippe und eine Höckernase erkennen lassen.

In der albertinischen Linie, die 1457 ausstarb, begegnen wir zwei auffälligen Persönlichkeiten: Herzog *Albrecht IV.* das Weltwunder und König *Albrecht II.* (V.) (1397–1439). Beide können sehr wohl Träger des Gesichtstypus gewesen sein.

Leopold III. der Gerechte (1351–1386) stand am Anfang der nach ihm benannten Linie, die schon zwei Generationen später zur Kaiserlinie wurde. Unter seinen vier Söhnen können *Wilhelm der Freundliche*, der eine positive Lippentreppe und eine Höckernase erkennen läßt und Herzog *Friedrich IV.* Friedel mit der leeren Tasche, dessen Unterlippe zumindest voluminös war, progen gewesen sein. Mit an Sicherheit grenzender Wahrscheinlichkeit war es ihr Bruder, der Herzog *Ernst der Eiserne*, der Vater *Friedrichs III.*, der die Kaiserreihe anführte.

Was bei allen potentiellen Merkmalsträgern der Aszendentenreihe bis zu *Rudolf I.* auffällt, ist die typische Mundform mit der ebenso typischen Nase. Für mich waren *Albrecht I.* und *Ernst der Eiserne* schon richtige Habsburger, alle sonst Genannten aber sind hochgradig verdächtig.

Seit Kaiser *Friedrich III.* waren die Habsburger über jeden Zweifel erhaben. Das Merkmal war über 300 Jahre so stabil, daß die Bezeichnung Klassikerreihe durchaus zutrifft.

Rudolf I. – der erste Kaiser aus dem Hause Habsburg

König Albrecht I., Sohn Rudolfs I.

Herzog Rudolf IV. der Stifter

Herzog Albrecht IV. das Weltwunder

König Albrecht II.

Herzog Wilhelm der Freundliche

Herzog Friedrich IV., Friedel mit der leeren Tasche

Herzog Ernst der Eiserne – sicher authentisch

Die Klassikerreihe von Friedrich III. zu Leopold I.

Friedrich III. (1415–1493)

Friedrich III. war der erste Habsburger, hinter den kein Fragezeichen mehr gesetzt werden muß, denn er war ohne Wenn und Aber progen.

Sollten bei seinem Vater, *Ernst dem Eisernen*, und weiteren Vorfahren immer noch Unsicherheiten bestehen, so war er so etwas wie die Majorsecke in der klassischen Reihe des Habsburger Gesichtstypus.

Vielleicht war das überhaupt das einzige Herausragende an diesem Mann, wenn man einmal von seiner unverhältnismäßig langen Regierungszeit absieht. Aber im einen wie im anderen Fall waren seine Verdienste daran völlig unmaßgeblich. Er hatte Glück, schon mit 25 Jahren auf den Thron gesetzt zu werden, den er über ein halbes Jahrhundert nicht mehr verließ. Gesund war er also auch.

Am 2. Februar 1440 war *Friedrich* – zu der Zeit das Haupt des Gesamthauses Habsburg – zum König gewählt und zwölf Jahre später in Rom zum Kaiser gekrönt worden. Der Papst sorgte für ein außerordentlich prunkvolles Krönungszeremoniell. Das vergaß *Friedrich* ihm nicht – der Papst hatte damit gerechnet.

Hätten seine geistigen Potenzen seinen körperlichen Verhältnisse entsprochen, so wäre dieser Mann eine schillernde Persönlichkeit gewesen. Da das nicht der Fall war, gibt es im Grunde nichts, schon gar nichts Besonderes über ihn zu berichten. *Friedrich* war von unauffälligen Geistesgaben, ein „matter und enger Geist" wie Lindner schrieb, der nichts so sehr scheute wie Festlegungen und Amtshandlungen. Nicht sonderlich tauglich also für ein Kaiseramt.

Seine beiden ersten Reichtstage in Nürnberg verliefen völlig erfolglos. Das war für diesen reaktionären und egoistischen Mann Anlaß genug, über 27 Jahre keinen Reichstag mehr zu besuchen.

Was hat er als Kaiser des Heiligen Römischen Reiches, der er ja nun einmal war, in dreiundfünfzig Jahren Regentschaft überhaupt gemacht? Er verlor Land um Land, Einfluß um Einfluß und alles am laufenden Band. Das Aufbauwerk seiner Vorfahren war bald nicht wiederzuerkennen. Er verlor Böhmen, wo *Georg Podiebrad* zum König gewählt wurde, und mit Ungarn ging es nicht viel anders: Hier entschied man sich für *Matthias Corvinus.*

Mit seinem Bruder, *Albrecht VI.*, lag der Kaiser in einer Dauerfehde bis es zum offenen Krieg kam, der mit der Belagerung der kaiserlichen Familie auf der Wiener Burg endete. Den Kaiser rettete aus seiner mißlichen Lage nur der plötzliche Tod seines Bruders – aber das Land war längst ausgeplündert, das Geld wertlos geworden. Im Grunde war das erst der Anfang, denn im ungarischen Krieg verlor er auch den größten Teil Österreichs, er verlor sogar Wien. Dreißig Jahre hatte sich dieser Mann im Reich nicht sehen lassen bis König *Matthias* kam und ihn aus dem Nest jagte.

Es ist verständlich, daß die Parteien im Reich nach einem Gegenkönig Ausschau hielten. Davor rettete ihn nur sein Sohn *Maximilian*, der 1486 zum König gewählt wurde. Zum Abdanken aber war *Friedrich* auch jetzt nicht bereit, obwohl die Sterne für einen ehrenvollen Rückzug günstig für ihn gestanden hätten.

Als der Ungarkönig 1490 starb, wurde *Maximilian* herzlich in Österreich aufgenommen. Ihm gelang gleich mehr: Seine Ansprüche auf Ungarn und Böhmen konnte er durch Erbvertrag sichern.

In dem Maße wie sein Vater von seinen Zeitgenossen verachtet wurde, erfreute sich *Maximilian* außerordentlicher Beliebtheit.

Kaiser *Friedrich III.* war kein Segen für Deutschland, das unter seiner jahrzehntelangen Herrschaft nicht nur an Bedeutung verlor, sondern auch regelrecht verwahrloste. Unter seiner Regentschaft nahm das Faustrecht wieder überhand, und statt Ordnung nach innen zu schaffen, verhinderte er das Zustandekommen eines Landfriedens, den dann sein Sohn später unter Dach und Fach bringen sollte.

Außenpolitisch war er eine noch größere Null: Er verlor nicht nur Ungarn und Böhmen, sondern leistete auch den Osmanen keinerlei Widerstand, die bis in die Wiener Vorstadt eindringen konnten.

Friedrich III. war ein Biedermann, der lieber seinen Garten bestellte, als auf die Jagd ging. Am Vogelflug hatte er mehr Freude als am Flug von Pfeilen, und das Kriegshandwerk war ihm zuwider. An sich sind solche Eigenschaften ja nicht unsympathisch. Da er aber kein gewöhnlicher Bürger war, verbuchte seine Umwelt seine gärtnerischen Ambitionen nicht unter kaiserliche Tätigkeitsmerkmale.

Auch seine Bildung soll sich in Grenzen gehalten haben, wobei man ihm aber eine gewisse Sammelleidenschaft, die immerhin auch geistige Interessen verrät, nicht absprechen kann.

Daß er fromm war und vom Papst durch eine prunkvolle Kaiserkrönung hofiert und geehrt wurde, soll erwähnt werden, allerdings macht das die Sache auch nicht besser, denn zu derselben Zeit, als der Papst ihm die Kaiserkrone aufsetzte, herrschte in Österreich offene Rebellion gegen ihn.

Mit den Geheimwissenschaften stand *Friedrich* auf gutem Fuß, und er floh im Laufe der Jahre immer mehr in die Astrologie.

Die Tragik – denn eine Tragik war es schon – wollte es, daß gerade diesem Mann die längste Regierungszeit, die je ein Habsburger Kaiser hatte, zuteil wurde.

Wenn nicht eine historische Neubewertung unserer Tage zu einer Rektifizierung seines Regentenbildes zwingt, so kann man *Friedrich III.* getrost vergessen, falls man das, was er alles unterließ, vergessen kann und will.

Aber ein Verdienst hat auch er: Er war der Vater eines populären Sohnes, denn *Maximilian I.* ist bis auf den heutigen Tag nicht vergessen – er war einer der beliebtesten Habsburger Kaiser.

Und was die Progenie betrifft, so ist auch *Friedrich III.* durchaus verdienstvoll.

Maximilian I. (1459–1519)

Auch *Friedrichs* Sohn *Maximilian* war ein Habsburger Klassiker, sogar mit einigen Extras, denn außer einer nicht zu übersehenden Progenie mit positiver Lippentreppe zierte eine stattliche Höckernase sein Gesicht.

Nicht alle Bilder gleichen sich. In Entwürfen von *Bernhard Strigel* ist unverkennbar, wie sich der Maler bemüht hat, die Merkmale für das eigentliche Porträt zu mildern, und bis auf eine diskrete Höckernase finden wir auf dem Gemälde von Albrecht Dürer nichts Auffälliges – es zeigt das Porträt eines souveränen Herrschers. Doch glaubwürdig sind solche Bilder alle nicht, auch wenn sie aus der Hand eines großen Meisters kommen.

Maximilian war ein Herrscher zwischen den Zeiten, der einerseits noch das Spätmittelalter in sich trug, sich andererseits aber der Neuzeit nicht entziehen wollte.

Im Vergleich zu seinem Vater war *Maximilian* ein außerordentlich erfolgreicher Mann, wozu allerdings nach einem solchen Vorgänger nicht viel Talent und Regsamkeit gehörten. Aber nicht alles, was er anpackte, verlief glatt. Kriege durchzogen sein ganzes Leben, hauptsächlich gegen Frankreich. Dabei operierte er meistens glücklos; trotzdem waren seine Ziele, Paris zu erobern und Frankreich zu vernichten, hochgestochen genug. Statt dessen nahm man ihm Oberitalien ab.

In sein Leben gehörten auch die Kriege um Burgund mit ihrem ewigen Auf und Ab zur Macht. *Maximilian* war kein großer Feldherr. Aber er liebte dieses Leben so wie es war – er liebte es mit und ohne Geld, denn finanziell war er oft genug in Verlegenheiten. Davon konnte sein Gläubiger *Jakob Fugger* in Augsburg ein Lied singen.

Seine Spontaneität führte oft zu überstürzten Handlungen, Pläne, die er heute entwarf, stieß er morgen wieder um. Er überschätzte sich selbst und war ein spätmittelalterlicher Phantast, wenn er von einem Kreuzzug träumte und sich selbst als Universalherrscher über ein Riesenimperium sah. Alles blieb Traum. Es kam nicht einmal zur Ausführung eines großen Feldzuges gegen die Türken. Aber die Gefahr, die aus dem Osten drohte, schätzte er real ein.

1493 wurde *Maximilian* nach dem Tode seines Vaters Kaiser. Seit 1508 nannte er sich „erwählter römischer Kaiser", weil der Papst keinerlei Krönungsanstalten machte. Das konnte im Ernst nicht Wunder nehmen, da *Maximilians* hochtrabende Pläne auch die Vereinigung von Kaiser- und Papsttum vorsahen, natürlich in einer, nämlich in seiner Person. Das wiederum fand wenig Beifall in Rom, aus begreiflichen Gründen.

Aber *Maximilian*, so verworren und unstet seine Gesamtpolitik auch anmutet, gelang eines: das Haus Habsburg führte er auf die

Kaiser Friedrich III., Sohn Ernsts des Eisernen

Kaiser Friedrich III. – „ein matter und enger Geist"

Kaiser Maximilian I., Sohn Friedrichs III.

Kaiser Maximilian I. – „erwählter römischer Kaiser"

Höhe, so daß sich hier bald Hausmachtpolitik und Reichspolitik kreuzten.

Die Erfolge für sein Haus errang er stets unblutig, denn da, wo es blutig zuging, ging es zumeist für ihn erfolglos aus. In der Heiratspolitik zeigte *Maximilian* einen erstaunlichen Realismus, der zur erheblichen Territorialerweiterung Österreichs führte. Durch seine eigene Verheiratung mit *Maria* von Burgund brachte er das Herzogtum Burgund an Habsburg, und durch die Vermählung seines Sohnes *Philipp* mit *Johanna* von Kastilien fielen Spanien, Süditalien und später das mächtige Kolonialreich an Österreich. Seinem Enkel blieb es vorbehalten, dieses Universalreich dereinst regieren zu müssen. Aber *Maximilian* gelang noch mehr. Er verheiratete seine Enkelin *Maria* mit dem Jagellonen *Ludwig* und sicherte seinem Hause dadurch Böhmen und Ungarn.

Es war die Zeit, als das Sprichwort von der glücklichen Heiratspolitik Österreichs die Runde machte, als die Habsburger ihren Reichtum durch die luxemburgische und burgundische Erbschaft erheblich mehrten. „Bella garant alii tu felix Austria nube“ – laßt andere Kriege führen, Du, glückliches Österreich, heirate – ein geflügeltes Wort, das heute noch bekannt ist.

Warum war *Maximilian* der „letzte Ritter“, wie es ihm oft nachgesagt wird? Das hing mit seinen rückwärtsgewandten Ritteridealen und Wertvorstellungen wie Abenteuerlust, Jagd, Krieg und Sieg, Minnedienst, Ehre und Treue ebenso zusammen wie mit der Tatsache, daß unter ihm noch echte Ritterturniere ausgetragen wurden, die letzten überhaupt. Er war ein leidenschaftlicher Jäger, der in Wald und Gebirge, in der Welt der Tiere zu Hause war. Von *Maximilian* stammte der Ausspruch „Gott habe das weltliche und geistliche Regiment gut bestellt, jenes mit einem Gemsensteiger, dieses mit einem trunkenen Pfaffen“. Gemeint war Papst *Julius II.*

Dort, wo *Maximilian* auf unkriegerische Mittel setzte, gelang ihm eigentlich alles, im Kriegerischen fast nichts. Dabei war die Heiratspolitik sein Trumpf, der immer stach.

Aber auch im Verwaltungswesen, das unter *Maximilian* reformiert und zentralisiert wurde, hinterließ der Kaiser Spuren. Auf dem Reichstag zu Worms 1495 wurde eine Reihe wichtiger Gesetze verabschiedet, wenn auch der Streit mit den Fürsten, die sich ihre Freiheiten durch den Habsburger nicht rauben lassen wollten, nicht abriß. Die Klage des Kaisers über die Reichsfürsten, „er sei ein König von Königen, dem niemand gehorche", mag das belegen. Auf jeden Fall dachten die Fürsten, sehen wir einmal von den üblichen Egoismen ab, nationaler als ihr Kaiser, dessen hochtrabende Pläne von einem Universalkaisertum in erster Linie Geld kosteten und vor allem ihr Geld.

Schließlich kam ein Landfrieden zustande, der nicht in allen Punkten nach dem Geschmack des Kaisers ausfiel. Der aber brauchte Geld für seine Frankreichfeldzüge und sein geplantes Ostunternehmen gegen die Türken. So war auch er gesprächsbereit, und der in Kraft gesetzte Landfriede erhielt später immerhin das Attribut der „ewige", weil er Bestand hatte.

Kaiser *Maximilian* erlebte noch die Anfänge der Reformation, der er nicht feindlich gegenüberstand, zumal er seine eigenen Bestrebungen „Los-von-Rom" darin wiederfand.

Maximilian war der Typ des liebenswürdigen, spätmittelalterlichen, teilweise romantischen, zumindest nicht immer realistischen Hasadeurs und Draufgängers, der militärisch zwar sehr rege war, aber meist erfolglos blieb.

Mit einer durchweg geglückten Heiratspolitik vermehrte er den Reichtum Österreichs beträchtlich und sicherte seinem Haus eine Machtposition im Reich.

Auf dem Gebiet der Reichsverwaltung wurden durch ihn Behörden geschaffen, die zum Teil bis zu *Maria Theresia* Bestand hatten.

1519 starb Kaiser *Maximilian*. Sein Sohn *Philipp* konnte seine Nachfolge nicht mehr antreten. Aber die Kaiserwürde blieb den Habsburgern treu. Konnte es der Sohn nicht sein, so war es der Enkel, *Karl V.*

Philipp I. der Schöne (1478–1506)

Maximilians Sohn *Philipp* trägt den Beinamen der Schöne. Warum er ihn trägt, ist unklar, denn schön war *Philipp* nicht. Aber ebenso unklar ist mir *Philipps* Progenie, die ihm von vielen Seiten nachgesagt worden ist. Ich weiß nicht, welche Hinweise es für diese Feststellung gibt, denn für mich ist *Philipp* ein atypischer Habsburger mit einer normalen Mundpartie, ob nun besonders schön oder nicht. Aus meiner Sicht war auch seine Mutter, *Maria* von Burgund, eine unauffällige Frau, was den Gesichtstypus betrifft. *Philipp* durchbrach die Habsburger Klassikerreihe und war, phänotypisch gesehen, ein Ausreißer, vielleicht der einzige bis hin zu Kaiser *Leopold I.*

Philipp wurde in Brügge geboren und von den Niederländern als ihr Prinz begrüßt, denn schließlich war seine Mutter die Erbin von Burgund. Als *Maria* von Burgund im blühenden Alter von 25 Jahren 1482 auf tragische Weise ums Leben kam, erbte *Philipp* die burgundischen Lande, und Vater *Maximilian* ernannte ihn 1494 zu deren Regenten. Nun residierte der 16jährige *Philipp*, der seinen Vater selten sah, in Brüssel.

1496 gelang *Maximilians* umsichtiger Heiratspolitik die eheliche Bindung seines Sohnes mit *Johanna* von Kastilien, deren Mitgift sich ähnlich günstig entwickelte wie einst die von *Maria* von Burgund, wenn auch von ungleich größerer Dimension. Hinter *Johanna* standen gleich zwei Königreiche, das von Kastilien und Aragon, so daß sich territorial um die Habsburger einiges zusammenzog.

Auf *Philipp* bewegte sich ein Riesenimperium zu, denn neben Burgund stand die Nachfolge auf die übrigen Habsburger Länder ebenso ins Haus wie das spanische Erbe mit der überseeischen Kolonialmacht seiner Frau.

Im Jahre 1500 wurde *Philipps* ältester Sohn, der spätere Kaiser *Karl V.*, in Gent geboren, der ebenso wie sein Vater in den Niederlanden aufwuchs und erzogen wurde.

1502 trafen *Philipp* und seine Frau in Spanien ein, wo nun ein Unglück das andere jagte. Als 1504 *Isabella* von Kastilien, *Johannas* Mutter, starb, wurde *Johanna* von den Granden des Landes als Königin von Kastilien anerkannt, und auch *Philipp* wurde als Regent geehrt.

Aber schon 1506 fand diese grandiose Entwicklung ihr jähes Ende durch den plötzlichen Tod *Philipps des Schönen* in Burgos. Über die Todesursache scheint keine Klarheit zu bestehen – ein natürlicher Tod war es wohl nicht. Weitergehende Spekulationen gehören nicht hierher, selbst wenn dieser jungen Ehe nicht das beste Zeugnis ausgestellt worden ist. Seine Frau *Johanna* aber wurde – oder war sie es schon? – geisteskrank und erhielt den Beinamen „die Wahnsinnige". Im Unterschied zu ihrem Mann trug sie ihren Beinamen offenbar zu Recht.

Nach dem frühen Tode *Philipps* mußte bald schon der Sohn das Riesenerbe antreten, denn seine geisteskranke Mutter schied als spanische Regentin aus. Sie verbrachte sechsundvierzig Jahre ihres Lebens hinter Klostermauern in Tordesillas.

Karl V. war der einzige Habsburger, dem die ungeheure Last einer Doppelmonarchie, eines mächtigen westlichen Imperiums, aufgebürdet wurde. War er deshalb schon der erste Europäer der Neuzeit?

Karl V. (1500–1558)

Karl V. wurde von Graf *Zichy* als der Urtypus der Habsburger bezeichnet. Ich kann mich dieser Beurteilung nur anschließen, weil ich keinen weiteren Habsburger kenne, der das Familienmerkmal so aufdringlich zur Schau trug. Er stellte seine ganze Aszendentenreihe in den Schatten und wurde auch von seinen Nachfahren nicht mehr erreicht, annähernd vielleicht von *Leopold I.*

Karl verkörperte diesen Gesichtstypus in geradezu klassischer Weise: ein extrem überentwickelter Unterkiefer verhinderte den Lippenschluß, und zwischen abgeflachten Jochbeinpartien ragte eine lange schlanke Höckernase heraus.

Beim älteren Kaiser scheint das Merkmal gemildert, aber nicht etwa, weil es sich im Laufe des Lebens abgeschwächt hätte. *Karl V.* umgab sich mit den besten Malern seiner Zeit, die allerdings auch gut modellierten und zu schmeicheln verstanden. Man muß das Augenmerk auf Jugendbildnisse lenken, wenn man erfahren möchte, wie *Karl V.* wirklich ausgesehen hat.

Im Jahre 1500 in Gent geboren, wuchs der junge Habsburger im Kreise seiner Geschwister in Flandern auf. Seine körperliche Konstitution war schwächlich, auf eine sonderliche geistige Begabung ließ zunächst nichts schließen.

Als sein spanischer Großvater, *Ferdinand der Katholische*, 1516 starb, wurde der Jüngling *Karl* König von Spanien, denn seine

Mutter, offiziell Regentin, war wegen ihrer Geisteskrankheit längst von der politischen Bühne verdrängt worden.

An der spanischen Küste erreichte ihn 1519 die Nachricht vom Tode seines deutschen Großvaters, *Maximilians I.*, und er betrat von Barcelona aus die Ebene der deutschen Reichspolitik. Er hatte zwar die österreichischen Länder geerbt, aber die deutsche Kaiserkrone war nicht zu vererben, sie mußte erworben werden durch die Wahl der Kurfürsten. Jetzt begann ein Tauziehen um dieses höchste Amt im Reich, zumal es *Maximilian* nicht mehr gelungen war, seinem Enkel die Nachfolge zu sichern.

Karls Presse war keineswegs die beste, denn er war jung und unbedarft und konnte lediglich von dem Ansehen, das sein Großvater im Reich genossen hatte, profitieren.

Gegen ihn stellte sich vor allem der Papst, der mit *Franz I.* von Frankreich liebäugelte. Auch *Heinrich VIII.* hatte sich zu Wort gemeldet, und selbst den jungen Jagellonen *Ludwig* gelüstete es nach der deutschen Kaiserkrone. An den sächsischen Kurfürsten *Friedrich den Weisen*, dessen Stimme in diesem exklusiven Wahlmännergremium besonders schwer wog, war gedacht worden. Der jedoch lehnte ab und favorisierte den jungen Habsburger. Da sich die eigentlichen Kaisermacher, die Fugger, die Welser und einige oberitalienische Banken, auch für ihn entschieden hatten, zog *Karl* das große Los und wurde mit 19 Jahren Kaiser des Heiligen Römischen Reiches.

Die Sonne in seinem Reich ging nun nicht mehr unter, denn sein Imperium erfaßte nicht nur Mittel- und Südwesteuropa, es reichte bis über den Atlantischen Ozean.

Gleich zu Beginn seiner deutschen Regentschaft meldeten sich die Symptome, die ihn ein Leben lang quälen sollten.

Zwei Jahre vor *Karls* Kaiserwahl hatte *Martin Luther* am 31. Oktober 1517 seine 95 Thesen an der Tür der Schloßkirche zu Wittenberg publiziert und damit die Reformation eingeläutet. Den „Ketzer" *Luther*, der ganz Deutschland in Aufruhr versetzte, hatte inzwischen der päpstliche Bannstrahl getroffen, der aber seinen Kampfesmut nicht brechen konnte.

1521 lud *Karl V.* zu seinem ersten Reichstag ein, der in Worms stattfand. Dort sollte *Luther* seine neue Lehre widerrufen. Die Verhöre *Luthers* vor Kaiser und Reich verliefen nicht gut für den

König Philipp I. der Schöne, Sohn Maximilians I.

König Philipp I. der Schöne – ein atypischer Habsburger

Kaiser Karl V., Sohn Philipps des Schönen

Kaiser Karl V. – der Urtypus der Habsburger

jungen Habsburger. Der Widerruf blieb aus, und die Tragik wollte es, daß aus seinem ersten Reichstag ein Reichstag *Luthers* wurde. Zwar folgten Reichsacht und Aberacht, aber die Reformation, das „Los-von-Rom" war nicht mehr aufzuhalten.

Enttäuscht verließ *Karl V.* Deutschland, das ihm wesensfremd blieb, um sich für die nächsten Jahre der spanischen Dinge anzunehmen.

Eine Anzahl von Kriegen, hauptsächlich gegen seinen Schwager, *Franz I.* von Frankreich, fesselte seine Aktivitäten an Schlachtfelder, machten ihn ruhe- und heimatlos.

1526 heiratete *Karl V.* seine Cousine *Isabella* von Portugal – ein Jahr später, als seine Truppen Rom erstürmten und unter *Frundsberg* den „Sacco di Roma" anrichteten, wurde sein ältester Sohn, der spätere König *Philipp II.* von Spanien, geboren.

Karls Abwesenheit von Deutschland war für die Ausbreitung der landeskirchlichen Konsolidierung der neuen evangelischen Kirche äußerst günstig, zumal *Ferdinand, Karls* Bruder, den er als Statthalter im Reich eingesetzt hatte, mehr konfessionelle Beweglichkeit zeigte als der dogmatische Katholik *Karl.*

In den 40er Jahren wandte sich der Kaiser selbst wieder den Reichsangelegenheiten zu und verlangte 1546 auf dem Reichstag zu Regensburg die Verweisung aller Religionsstreitigkeiten an das 1545 zu Trient einberufene Konzil, das sogenannte Tridentinum. Da die Protestanten das ablehnten und ein deutsches Nationalkonzil forderten, war eine militärische Konfrontation unvermeidlich – es kam zum Schmalkaldischen Krieg. Seinen bei Mühlberg erfochtenen Sieg konnte der Kaiser nur bedingt in einen katholischen Erfolg ummünzen. 1552 kam es zum Aufstand der protestantischen Fürsten gegen ihn, den der Kurfürst *Moritz* von Sachsen anführte. *Karl* mußte aus seiner Hofburg in Innsbruck fliehen und sah finster dem zwischen *Moritz* und *Ferdinand* geschlossenen Passauer Vertrag zu, der ein religiöses Stillhalteabkommen bis zum nächsten Reichstag festlegte. Als es 1555 endlich zum Augsburger Religionsfrieden kam und der Protestantismus damit reichsrechtlich anerkannt wurde, vernahm *Karl* diesen Konsens grollend aus der Ferne und ratifizierte ihn nicht. *Ferdinand* war es, der diesen Frieden besiegelte und die Brücke zwischen beiden Konfessionen baute.

Der Kaiser selbst hatte aus Krankheitsgründen dem Reichstag fernbleiben müssen.

Er war indessen längst ein schwerkranker Mann geworden, der sich schon seit 1550 mit Abdankungsgedanken trug. Mit dreißig Jahren hatte er seinen ersten Gichtanfall. Die Krankheit nahm ständig zu und lähmte ihn buchstäblich in späteren Jahren. Hinzu kamen tiefe Depressionen mit gelegentlichen Verwirrtheitszuständen – das mütterliche Erbe in ihm griff immer stärker um sich. Auch er wird eine Schizophrenie gehabt haben.

Vor dem Hintergrund seiner schweren Krankheiten wird verständlich, daß er 1556 beiden Thronen entsagte: Die spanische Krone ging an seinen ältesten Sohn *Philipp*, die deutsche Kaiserkrone überließ er *Ferdinand*, seinem Bruder.

Er selbst zog sich zurück nach San Yuste in Spanien, wo er in hautnaher Gemeinschaft mit den Mönchen des Hieronymitenklosters 1558 seine Erdentage vollendete.

Karls politische und gesellschaftliche Ansprüche waren hochgestochen, nach Einsicht und Realitätensinn sucht man vergebens. Und was ging auf von der Saat, die er zu legen versuchte? Im Grunde nichts. Die Kirche blieb geteilt, was nicht *Luthers* Absicht gewesen war. Der Sieger war *Luther*, nicht *Karl V.* Die Doppelmonarchie zerfiel, *Philipp* übernahm Spanien und *Ferdinand* die deutsche Kaiserkrone. Die Utopie von einer habsburgerischen Erbdynastie, von der er träumte, mußte zu Grabe getragen werden. *Karls* Riesenimperium zerfiel, zumindest wurde es geteilt.

Nach *Karl V.* führte *Ferdinand I.* die österreichische Habsburger Linie an, während mit *Philipp II.* die spanische Linie fortgesetzt wurde. *Karl V.* war der einzige gewesen, der um diesen Vielvölkerstatt eine Klammer legte. In einer Person vereinte er in sich das spanische und deutsche Erbe.

War *Karl V.* ein Deutscher, ein Spanier oder ein Niederländer? War er ein Europäer? Vor allem war *Karl* eins: ein Habsburger, dessen dynastisches Denken über allem staatspolitischen stand. Deutsch empfand er wohl am wenigsten, bestenfalls war er ein Spanier – zumindest wurde er es im Laufe der Jahre – aber von Herzen war er wohl ein Niederländer. Ein Europäer war er nur soweit, als Europa mit dem Hause Habsburg in Einklang stand. Europa hatte in Habsburg aufzugehen, nicht etwa umgekehrt.

Ferdinand I. (1503–1564)

Auch *Ferdinand I.* hatte das charakteristische Gesicht eines Habsburgers, aber alles war milder als bei seinem Bruder *Karl*.

An *Ferdinand* wurde deutlich, daß das Merkmal in seiner Ausprägung variiert, denn *Karl V.* war gegen seinen Bruder eine Prachtausgabe.

Ferdinand I., zweiter Sohn *Philipps des Schönen*, wurde in Spanien geboren, wo er auch aufwuchs und erzogen wurde. Als sein Bruder 1516 König von Spanien wurde, verließ *Ferdinand* ein Jahr später sein Geburtsland, weil *Karl* das so wünschte.

In Deutschland trat *Karl* 1521 die habsburgische Macht an seinen Bruder ab, um ein Jahr später *Ferdinands* Besitz durch das Herzogtum Württemberg und Tirol stattlich zu erweitern. Allmählich vergrößerten sich *Ferdinands* Länder und seine Machtposition wuchs, denn nach dem Tode seines Schwagers *Ludwig* konnte er 1526 die Krone Böhmens an sich bringen. Mit Ungarn klappte das nicht so gut. Dort wurde *Johann Zápolya* als Gegenkönig aufgestellt, den Sultan *Suleiman II.* stützte.

Die Beziehungen zu seinem älteren Bruder, in dessen Schatten *Ferdinand* stand, waren keineswegs harmonisch, selbst wenn er von *Karl V.* als Statthalter in Deutschland eingesetzt war. Wegen der Verdienste *Ferdinands* an der Schlacht von Pavia 1525 unterstützte Karl aber seine Wahl zum römischen König, die 1531 in Aachen stattfand.

Rückschläge blieben *Ferdinand* nicht erspart, die ihre Ursachen nicht zuletzt in einer ständigen Geldnot hatten, zumal noch die Schulden *Maximilians I.*, seines Großvaters, abzutragen waren. 1534 nahm man ihm das Herzogtum Württemberg wieder ab, wo der Landgraf *Philipp* von Hessen den ehemaligen Besitzer Herzog *Ullrich* wieder einsetzte.

Die Position *Ferdinands* bei den Fürsten im Reich war keineswegs schlecht, denn im Unterschied zu *Karl* betrachteten sie ihn als einen der Ihren. Seine vermittelnde Rolle im Religionsstreit brachte ihm zumindest auf protestantischer Seite Sympathien ein, wobei nicht vergessen werden darf, daß auch er alles andere als ein Anhänger der Reformation war.

Die Beziehungen zwischen den beiden Brüdern erreichten ihren Tiefpunkt nach dem Schmalkaldischen Krieg, als deutlich wurde, daß *Karl* seinen Sohn *Philipp* zu seinem Nachfolger auch in Deutschland bestimmt hatte. Das wies *Ferdinand* unmißverständlich zurück, der nun abermals als Makler zwischen den Religionsparteien auftrat. Im Fürstenaufstand von 1552 gegen *Karl V.* war er der Vermittler des Passauer Vertrages, der den Religionsstreit bis zum nächsten Reichstag beilegte. Drei Jahre später kam durch ihn der Augsburger Religionsfrieden zustande, den *Karl V.* nicht mehr ratifizierte.

Wegen seiner schweren Krankheiten entschloß sich der Kaiser zum Thronverzicht, und die deutsche Krone ging 1556 nicht an seinen Sohn *Philipp*, sondern an seinen Bruder *Ferdinand* über, der erst nach dem Tode *Karls V.* 1558 vom Kurfürstenkollegium zum Kaiser gewählt wurde.

Wenn *Ferdinand I.* auch zu Gesprächen und Vertragsabschlüssen mit den Protestanten bereit war, so blieb er doch zutiefst katholisch. Diese Grundhaltung war für den deutschen Katholizismus entscheidend, denn es war *Ferdinand*, der seinen ältesten Sohn und Nachfolger *Maximilian* durch Drohungen und Lockungen von der neuen Lehre zurückzuhalten versuchte. Erst als er von dem Erfolg seiner väterlichen Bemühungen überzeugt war, setzte er die Wahl *Maximilians* zu seinem Nachfolger durch.

Ferdinands Rolle in der Geschichte ist schwer zu beurteilen. Da er ständig im Schatten seines „großen Bruders" stand, war Selbständigkeit schwer zu erlangen. Ob er allerdings ohne die schützende Hand *Karls V.* völlig bedeutungslos geblieben wäre, muß wohl bezweifelt werden. *Ferdinand* waren aus mehreren Gründen die Hände gebunden. Die ständigen Geldsorgen engten seinen Aktionsradius erheblich ein, und sein politischer Vormund war nicht immer sein Beschützer.

Dort, wo *Ferdinand* gefordert war, stand er auch seinen Mann, und die Verhandlungen mit den Protestanten führte er weitaus geschickter als sein starrsinniger Bruder.

In der deutschen Thronnachfolge blieb er *Karl V.* gegenüber unnachgiebig – das spricht für politisches Selbstbewußtsein und Selbstvertrauen.

Ferdinand I. bedurfte des Schutzes Kaiser *Karls V.* wohl kaum – dagegen schirmte seine Statthalterschaft im Reich den kaiserlichen Bruder vor vielen Querelen ab. Er nahm stellvertretend für *Karl V.* die Reichsgeschäfte wahr, und es steht eigentlich außer Frage, daß *Karl V.* seinen Bruder brauchte. Ob es sich umgekehrt genauso verhielt, läßt sich schwer beurteilen.

Als *Ferdinand I.* 1564 starb, übernahm sein 1562 schon gewählter Sohn als *Maximilian II.* die deutsche Kaiserkrone.

Maximilian II. (1527–1576)

Maximilian war äußerlich ein echter Habsburger. Wenn ich ihn auch nicht, wie es getan worden ist, als Ebenbild *Karls V.* bezeichnen würde, so war er doch ein würdiger Vertreter seines Hauses mit einer ganz soliden Progenie. Nach meiner Meinung ist sein Merkmal aber milder und auf keinem Porträt so aufdringlich wie bei seinem Onkel, Kaiser *Karl V.*

Maximilian gehört in die Reihe jener Habsburger Kaiser, deren Name im Laufe von Jahrhunderten blasser geworden ist, er wird kaum mehr gekannt. Dabei war er unter all seinen kaiserlichen Verwandten durchaus eine singuläre Erscheinung. *Maximilian* galt als ausgesprochen protestantenfreundlich. Das war unter den Habsburgern weiß Gott nicht alltäglich.

Sollte man einen Hauptzweck seiner Regierung nennen, so war es die Vermittlung zwischen beiden christlichen Konfessionen. Für ihn selbst war das häufig mehr als eine Gratwanderung, da er sich der neuen Lehre zu weit öffnete.

Für seinen Vater, Kaiser *Ferdinand I.*, und erst recht für seinen erzkatholischen Cousin, *Philipp II.* von Spanien, war *Maximilian* suspekt. Beide leisteten „Hilfestellung“, um den Gefährdeten in der Bahn zu halten, ja selbst der Papst nahm sich seiner an und sparte nicht mit Drohungen.

Moralischen Rückhalt versprach man sich durch seine Verheiratung mit der erzkatholischen *Maria* von Österreich, *Karls V.* Tochter. Aber die katholischen Gleise waren zu ausgefahren, als daß sie *Maximilian* innerlich noch halten konnten.

Maximilians Neigung zum Protestantismus war mehr als ein Liebäugeln mit dem Fremden, selbst wenn er zwischen den Fronten stehen bleiben mußte. Auch noch als Kaiser blieb er seiner

Kaiser Ferdinand I., Bruder Karls V.

Kaiser Ferdinand I. – „Makler" zwischen den Religionsparteien

Kaiser Maximilian II., Sohn Ferdinands I.

Kaiser Maximilian II. – der Protestantenfreundliche

prolutherischen Haltung treu und räumte dem österreichischen und böhmischen Adel sogar Religionsfreiheit ein.

Natürlich erfreute sich dieser Kaiser des Vertrauens der protestantischen Fürsten und Stände – er selbst konnte als römischer Kaiser schwerlich weitergehen. Er war schon weit genug gegangen.

Wenn es auch sein Vater gewesen war, der den Augsburger Religionsfrieden 1555 zuwege gebracht hatte, so gebührt doch *Maximilian* das Verdienst, ihn mit Leben erfüllt zu haben.

Unter den orthodoxen katholischen Kaisern aus dem Hause Habsburg war *Maximilian* ein enfant terrible, auf das man mit Argusaugen zu achten hatte. Seine Einstellung hat erheblich zur weiteren Konsolidierung und Ausbreitung des Luthertums beigetragen.

1575 wurde sein Sohn *Rudolf*, ein linientreuer Katholik, zum König gewählt. Er hätte das Ruder zum Katholizismus herumzureißen vermocht – daß er aber einsame Wege ganz anderer Art ging, war nicht vorauszusehen.

Kaiser *Maximilian II.* starb 49jährig, ein Jahr nach der Wahl seines Sohnes auf dem Reichstag zu Regensburg.

Rudolf II. (1552–1612)

Als Mäzen sammelte der neue Kaiser bedeutende italienische und niederländische Maler um sich, so daß wir über einen Reichtum an Porträts aus erster Hand verfügen.

Mir ist kein einziges Bild bekannt, auf dem die Progenie retuschiert worden ist. Sollte man die herausragenden Vertreter der Habsburger Klassikerreihe nennen, so gebührt *Rudolf II.* ein Ehrenplatz in der Kaiserloge, denn er konnte sich neben seinem Großonkel, *Karl V.*, gut sehen lassen.

Unter allen Kaisern aus dem Hause Habsburg war *Rudolf II.* vielleicht die merkwürdigste Persönlichkeit, entsprechend unterschiedlich fielen die Urteile über ihn aus. Wenn er vielleicht auch kein Großmystiker war, ein leidenschaftlicher Magiker war er wohl – allem Pragmatischen, das sein kaiserliches Amt ihm abverlangte, stand er hilflos gegenüber.

Kaiser Rudolf II., Sohn Maximilians II.

Kaiser Rudolf II. der Eremit auf dem Hradschin

Kaiser Matthias, Bruder Rudolfs II.

Kaiser Matthias – seine politische Biographie wirkt unangenehm

Die Wurzeln für seine krankhafte Gemütslage lassen sich bis in seine Kindheit und Jugend zurückverfolgen. Sicherlich war es seiner Entwicklung nicht dienlich, daß er am Hofe *Philipps II.*, seines finsteren erzkatholischen Onkels, erzogen wurde.

Rudolf II. war von Anfang an ein Außenseiter und zog sich schon 1583, sieben Jahre nach seiner Kaiserwahl, auf den Hradschin in Prag zurück. Er war ein außergewöhnlich gebildeter und auch ein talentvoller Mann, dem nur eines fehlte: staatsmännisches Format.

In den Hradschin hatte er sich regelrecht geflüchtet. Von hier aus regierte dieser introvertierte und argwöhnische Mann sein Riesenreich und schaffte sich durch seine Halsstarrigkeit und politische Tatenlosigkeit ringsherum Feinde, besonders aber in der eigenen Familie. Wutanfälle und Melancholie – Zeichen manisch-depressiven Krankseins – wechselten einander ab. Man hielt diesen Mann, der nie heiratete, wenngleich er Vater von mehreren Kindern war, für geistig umnachtet – aber das stimmte nicht.

Im politischen Leben war er erfolglos, er war auch desinteressiert. Sollte man die Schwerpunkte seiner Regierungszeit nennen, so waren es die Folgen der Reformation, der er als dogmatischer Katholik verständnislos gegenüberstand, und die ständige Gefahr vor den Türken. Weder in der einen noch in der anderen Sache hat *Rudolf* auf sich aufmerksam gemacht.

Im Jahre 1608 kam es zum endgültigen Bruch zwischen *Rudolf* und seinen Verwandten. Sein Einfluß im Reich war längst dahin. Am Ende war er nichts als ein politisch untätiger, von seinem Bruder *Matthias* längst ins Abseits gestellter Schattenkaiser – ein Eremit auf dem Hradschin.

So wenig Kaiser *Rudolf II.* auch politisch in Erscheinung trat, so rege war er dagegen auf allen geistigen Gebieten. Er sammelte viele bedeutende Maler, Bildhauer, auch Musiker seiner Zeit um sich.

Rudolf II. war ein leidenschaftlicher Sammler von Gemälden und von Raritäten aus aller Welt. Die Förderung von Gelehrten, Dichtern und Ärzten führte dazu, daß sich so bekannte Astronomen wie *Tycho Brahe* und *Johannes Keppler* in Prag niederließen.

Immer mehr verschrieb sich dieser Mann der Magie und scharte Alchimisten aller Schattierungen um sich. Fasziniert war er von der jüdischen Geheimlehre, der Golemsage. Dem Okkultismus und der Astrologie hatte er sich vollends verschrieben.

Von *Rainer Maria Rilke* stammt folgendes Gedicht über den einsamen Mann auf dem Hradschin:

Kaiser Rudolf
Hoch auf seiner Himmelswarte
über einer Sternenkarte
sitzt der Kaiser Rudolf dort,
forschend, ob der langerharrte
Flugstern, der die Weisen narrte,
streifen würde diesen Ort.

Und er fragt den Astrologen,
der am hohen Himmelsbogen
alle Wandelwege weiß:
„Wird von Unglück der betrogen,
den der Stern hineingezogen
in den unheilvollen Kreis?"

Und der Alte weicht ihm leise
aus: „Der Stern zieht seine Gleise,
Herr, im fernen Ätherreich!"
Und gen Süden zieht der Weise; –
und der Kaiser schaut die Kreise
seines Globen, ernst und bleich. –

Und von Süden kommt Verderben,
kommt Matthias. – Eilge Erben
lassen ihm nur den Hradschin;
und der Kaiser spricht im herben
Spott: „Mir bleibt nichts, als zu sterben,
denn schon bin ich tot für ihn.

Alter! Laß den Blick uns heben!
Du hast recht, die Sterne schweben
hoch ob allem Erdenbann;
aber – die nach ihnen streben,
knüpfen selbst ihr dunkles Leben
an die lichten Lose an!"

Die Förderung von Kunst und Wissenschaften durch Kaiser *Rudolf II.* war einzigartig, um so düsterer war das politische Erbe, das er hinterließ. Am Horizont zogen die ersten Wolken des 30jährigen Krieges auf, die katholische Liga und die protestantische Union begannen, sich militärisch zu formieren.

Matthias (1557–1619)

Der neue Kaiser, ein Bruder *Rudolfs II.*, hieß *Matthias*. Daß er ein Habsburger war, kann nicht geleugnet werden, aber er konnte seinem Bruder und Vorgänger hinsichtlich seines Aussehens nicht das Wasser reichen. Eine solide Progenie hatte *Matthias*, aber sie war längst nicht so aufdringlich wie bei *Rudolf II.* oder gar bei *Karl V.*

Kaiser *Matthias* ist für mich eine eigenartige und zwielichtige Persönlichkeit, eine Persönlichkeit war er wohl überhaupt nicht. Seine Energien nutzte er ausschließlich dazu, seinem Bruder zu schaden, der ihm – egal, wie er auch in der Geschichte dasteht – an Geistesgaben weit überlegen war.

Dieser Mann hat eine Nebenrolle in der Geschichte gespielt – vergebens sucht man nach eigenem Profil. Sein Leitmotiv war Macht, die nur über die Schädigung und Ablösung seines Bruders zu erreichen war.

Zum Protestantismus pflegte er Beziehungen, aber doch nur, weil er Rückendeckung und Schutz suchte, nicht etwa, weil er ihn was anging. Daß das Luthertum eine Alternative zum Katholizismus sein konnte, hatte er letzten Endes zu Hause erfahren, denn sein Vater, *Maximilian II.*, war ein ausgesprochener Protestantenfreund gewesen.

Seine politische Biographie wirkt unangenehm, dennoch soll sie kurz skizziert werden. Ständig ging es ihm darum, Macht und Einfluß zu gewinnen, und sein erster großer Versuch, die Regentschaft in den Niederlanden an sich zu bringen, endete schmählich. Aber er gab seine Herrschaftsansprüche seinem kaiserlichen Bruder gegenüber nicht auf. Das führte schließlich 1608 zum offenen Bruch zwischen Kaiser *Rudolf II.* und seinem intriganten Bruder. Aber für den Eremiten auf dem Hradschin lief nicht alles gut.

Matthias, der sich ständig protestantischer Mithilfe bediente und mit allen, vor allem aber mit unlauteren Mitteln kämpfte, konnte so die Regierungsgewalt in Ungarn, Österreich und Mähren an sich reißen und wurde schließlich 1611 zum König von Böhmen gewählt.

Da dieser Mann, wohl überwiegend aus politischer Berechnung heraus, sich in dem Stellungskrieg der Konfessionen konziliant gab, – im Gegensatz zu seinem orthodoxen Bruder – wurde er schließlich noch zum Kaiser gewählt.

Als *Rudolf II.* 1612 endlich starb und *Matthias* Kaiser wurde, war die Situation so verfahren, daß der neue Souverän praktisch ohne Einfluß war. Er war nichts als eine Marionette, der eigentliche Macher, die graue Eminenz, war ein *Melchior Khlesel*.

Da dieser Kaiser seinen Aufstieg nur der protestantischen Opposition verdankte, mußte er zwangsläufig ihre Forderungen erfüllen.

Kaiser *Matthias* war politisch und religiös weder Fisch noch Fleisch, und ihm nachgesagte geistige Gaben machten die Sache auch nicht besser.

Hinzu kam am Ende seiner Tage ein körperlicher Verfall mit erheblichem geistigen Abbau.

Trotz – wie auch immer motiviert – Brückenbaus zwischen Katholizismus und Protestantismus kam es 1618 zum Fenstersturz in Prag, und das war schließlich der Beginn des 30jährigen Krieges.

Wenn nicht die Geschichtsforschung unserer Tage *Matthias* in ein anderes Licht rücken kann, so steht er weiterhin als Versager und überflüssige Figur in den Zeitenläufen.

Ferdinand II. (1578–1637)

Nachfolger von Kaiser *Matthias* wurde sein Neffe, *Ferdinand II.*, ein Sohn des Erzherzogs *Karl* von Steiermark.

Ferdinand II. war ein klassischer Habsburger. Die mir bekannten Bilder zeigen ihn mit wulstiger Unterlippe und prominentem Kinn, wobei alles nicht so exzessiv war wie bei seinem Onkel *Rudolf II.* und erst recht nicht wie bei Kaiser *Karl V.*

Ferdinand wurde als klein und unschön, dabei wohlbeleibt und behäbig beschrieben, als äußerlich wenig vorteilhaft also. Andererseits wurden ihm Eigenschaften nachgesagt, die ihn sympathisch machen: Er soll heiter und freundlich gewesen sein, und seine Freigebigkeit war grenzenlos, wenn alles stimmt, was über ihn gesagt wurde. Aber es stimmte wohl nicht alles, denn als fanatischer Katholik jesuitischer Prägung und Protestantenhasser nimmt man ihm seine Freundlichkeit und sein Entgegenkommen schwer ab.

Sein Protestantenhaß ist mehrfach belegt wie auch belegt ist, daß dieser Mann für Deutschland ein Unglück war. Niemand sagt ihm nach, daß er sonderlich intelligent war, niemand spricht von seinen Qualitäten als Staatsmann oder Feldherr. Er hatte sie nicht. Er hatte nur eins: religiösen Fanatismus. So wurde *Ferdinand II.* zum Hauptschuldigen an dem barbarischen 30jährigen Krieg in Deutschland. Nicht eigentlich Krieg war sein Leitmotiv, aber Haß war es – Haß gegen alles Nichtkatholische.

Wie war das noch möglich nach *Maximilian II.* und auch nach *Matthias*? Die Wurzeln lagen tief, sie lagen in seiner Erziehung. An der Jesuitenuniversität zu Ingolstadt geformt, dabei von wenig kritischem Verstand und mittelmäßiger Begabung, vertrat dieser Mann, der den Jesuiten treu blieb, immer eine urkatholische Position. Er führte schon zu Lebzeiten von Kaiser *Matthias* in seinen Erblanden, in Böhmen und Ungarn, die schärfste Rekatholisierung durch. Zwangsbekenntnisse, Auswanderungen und Ausweisungen waren die Folge. Aber widerstandlos ging seine Gegenreformation nicht über die Bühne – die protestantischen Stände in Böhmen erhoben sich gegen diesen Fanatiker, und mit dem berühmten Prager Fenstersturz begann 1618 der Aufstand gegen die Habsburger – es begann ein 30jähriger Krieg. Die Anerkennung als Nachfolger von *Matthias* wurde diesem Mann von den Böhmen verweigert, die den protestantischen Kurfürsten *Friedrich V.* von der Pfalz als Gegenkönig ausriefen.

Aber die katholische Übermacht war groß. Hinzu kam, daß die Protestanten uneins waren, und der sächsische Kurfürst *Johann Georg* sogar auf Seiten des Kaisers stand. Die katholische Liga unter *Maximilian* von Bayern besiegte in der Schlacht am Weißen Berg bei Prag die Böhmen. Der Gegen- oder Winterkönig *Friedrich V.* von der Pfalz wurde verjagt, der Protestantismus stand vor seiner Ausrottung. Als Lohn für seine Kaisertreue, die in Wirklichkeit mehr Treue zum Katholizismus als zu den Habsburgern war, ging der Kurhut von der Pfalz auf *Maximilian* von Bayern über.

Als *Ferdinand II.* 1629 das berüchtigte Restitutionsedikt erließ, das die Rückgabe aller ehemals katholischen Besitzungen forderte, hatte er den Nerv der protestantischen Reichsfürsten getroffen. Sein religiöser Fanatismus steigerte sich zum Konfessionswahn, und in dieser Phase des Krieges konnte nun zu Recht von einem Religionskrieg gesprochen werden. Gegen ihn standen mittlerweile *Christian IV.* von Dänemark, auch Frankreich, England und die Niederlande.

In *Wallenstein*, der 1625 ein eigenes kaiserliches Heer aufstellen durfte, schien ihm der Retter zu kommen. *Wallenstein* jedoch war eine zwielichtige Gestalt – er unterhielt Beziehungen zur protestantischen Union wie zur katholischen Liga, die engsten aber unterhielt er zu sich selbst. Und so war er der katholischen Partei suspekt. 1630 sah sich *Ferdinand II.* genötigt, diesen Kriegsmann auf Betreiben *Maximilians* von Bayern und anderer katholischer Verbündeter zu entlassen.

In dieser Zeit erschien zur Rettung des evangelischen Glaubens der schwedische König *Gustav Adolf*, und landete 1630 an der pommerschen Küste. Sehr bald schon waren Nord- und Süddeutschland durch die Truppen *Gustav Adolfs* gesäubert, und der König drang nach Bayern ein. So beliebt *Gustav Adolf* beim Volk auch war – die protestantischen Fürsten zögerten, mit ihm Verträge zu schließen, denn offenbar kam er auch als Eroberer und nicht nur als Befreier. Nachdem Magdeburg gefallen war, gaben sie ihre Bedenken auf. Als der Feldherr der katholischen Liga *Tilly* von *Gustav Adolf* besiegt war und die Sachsen nach Böhmen vorgingen und Prag besetzten, rief *Ferdinand II.* in letzter Not *Wallenstein*, und der kam.

Am 16. November 1632 fiel *Gustav Adolf* in der Schlacht von Lützen. Den protestantischen Glauben hatte er gerettet. Was er dafür gefordert hätte, kann nur vermutet werden.

Wallenstein verhandelte mit beiden Parteien, er war inmitten des Religionskrieges eine dritte Welt für sich und in sich. Er war ebensowenig kaisertreu wie protestantenfreundlich – er war nur sich treu und strebte zielgerichtet nach oben. Den Kaiser konnte man von *Wallensteins* Verschwörungsplänen gegen ihn überzeugen, und so willigte er letztlich ein in seine Beseitigung. Am 25. Februar 1634 wurde *Wallenstein*, der siegreiche kaiserliche General, aber undurchsichtige Mensch, in Eger ermordet.

Nach der Phase des Religionskrieges kam es zu einem regelrechten Raubkrieg auf deutschem Boden, der auch zum Tummelplatz für Schweden und Franzosen geworden war. Längst setzten sich die gegenüberstehenden Heere aus allen Konfessionen zusammen.

In dieser völlig ungeklärten und ausweglosen Situation starb 1637 der Mann, dessen religiöser Wahn Deutschland abgrundtief ins Elend stürzte.

Aber auch ihm soll Gerechtigkeit widerfahren. Politisch unbedeutend, wurde er zum Spielball seiner Räte und Verbündeten. Eine unglückliche Rolle spielte sein Cousin, *Max* von Bayern, der dem Habsburger geistig weit überlegen war.

Von *Ferdinand II.* sind förmliche Rührszenen übermittelt worden. Er sei ein Liebhaber der Jagd und der Musik gewesen, ein vorbildlicher Familienvater, leutselig und gutmütig gegen jedermann, von beispielhafter Freigebigkeit, immer maßvoll und einfach lebend.

Aber er war fromm bis zur Bigotterie, ein religiöser Fanatiker – und wie zerstörerisch jeglicher Fanatismus wirkt, dafür ist die Geschichte des 30jährigen Krieges das traurige und lebendige Beispiel.

Ferdinand III. (1608–1657)

1636 wurde *Ferdinand* auf dem Reichstag in Regensburg zum deutschen König gewählt – ein Jahr später war er Kaiser des Heiligen Römischen Reiches.

Gewiß, ein Habsburger war er – aber er war hinsichtlich des Familienmerkmals nicht einmal seinem Vater sonderlich ähnlich, wie er überhaupt mit *Ferdinand II.* äußerlich jede Ähnlichkeit vermissen ließ. Eine voluminöse Unterlippe auf fast allen Porträts verrät die Familienzugehörigkeit, aber vielleicht nur, wenn man es

Kaiser Ferdinand II., Neffe Rudolfs II. und Matthias'

Kaiser Ferdinand II. – ein fanatischer Katholik jesuitischer Prägung

Kaiser Ferdinand III., Sohn Ferdinands II.

Ferdinand III. und IV. nach einer Porträtmedaille

weiß. Was also den Gesichtstypus anbelangt, so gehörte *Ferdinand III.* nicht in die erste Reihe seiner traditionsreichen Familie. Auch in seiner Statur unterschied er sich von seinem Vater, denn er war groß und schlank und im Unterschied zu *Ferdinand II.* eine stattliche Erscheinung.

Am meisten aber unterschied er sich von seinem Vater in der geistigen Beweglichkeit. Er soll ein gebildeter und tatkräftiger Mann gewesen sein, der sieben Sprachen beherrschte.

So konträr Vater und Sohn im geistigen Bereich zueinander standen, so verwandt waren sie im geistlichen. Auch seine Erziehung hatte in den Händen der Jesuiten gelegen, und wenn auch vielleicht in gemilderter Form, so war auch *Ferdinand III.* ebenfalls ein Protestantenfeind.

Im Unterschied zu seinem Vater war er ein sehr beweglicher Mann, der nach *Wallensteins* Ermordung als Oberbefehlshaber der kaiserlichen Truppen beachtliche Erfolge erzielte. Trotz allem suchte er den Frieden, wenn er auch die erzkatholische Politik seines Vaters fortsetzte und die Gegenreformation als väterliches Vermächtnis konsequent betrieb.

1648 endlich, nach dreißig Jahren Krieg, kam der Westfälische Frieden zustande, der am 24. Oktober unterzeichnet wurde.

Die Wahl seines Sohnes konnte *Ferdinand III.* noch durchsetzen. Als der aber 1654 starb, gelang es dem Vater nicht mehr, seinem nächsten Sohn, dem Erzherzog *Leopold*, die Nachfolge zu sichern. Als *Ferdinand III.* 1657 starb, hinterließ er ein verwüstetes Land, das durch dreißig Kriegsjahre arg geschüttelt und menschenleer geworden war.

Ferdinand III. werden viele angenehme menschliche Eigenschaften nachgesagt. Obwohl er ein kenntnisreicher und umsichtiger Mensch mit wissenschaftlichen und künstlerischen Neigungen gewesen sein soll, der sogar komponierte, ist er heute kaum noch bekannt.

Leopold I. (1640–1705)

Man kann die Sache wenden wie man will: man kommt nicht umhin, *Leopold I.* als den unansehnlichsten Habsburger zu bezeichnen. Klein von Wuchs, brachte er noch einmal den Habsburger Familientyp zur vollen Blüte. Er war, wenn wir ihn am Ende der Klassikerreihe sehen, ein Finale, das dramatischer nicht ausfallen konnte. Neben *Karl V.* bildete er den zweiten Kulminationspunkt in der langen Klassikerreihe, die *Friedrich III.* anführte und *Leopold I.* beendete. Es hat wenig Sinn, sein Aussehen noch besonders beschreiben zu wollen, das überlieferte Bildmaterial spricht Bände. Selbst in Meyers Konversationslexikon ist nachzulesen: „*Leopold* war von Wuchs unansehnlich, der Blick düster, das Gesicht durch die herabhängende Unterlippe entstellt."

An sich war *Leopold* für den geistlichen Stand erzogen worden, und so war er gewandt in Sprachen und bewandert in den Wissenschaften. Durch den Tod seines älteren Bruders wurde er in die politische Laufbahn gedrängt, und nachdem er die Königskronen von Ungarn und Böhmen erlangt hatte, erreichte er 1658, ein Jahr nach dem Tod seines Vaters, auch die deutsche Kaiserwürde.

Leopold I. war insgesamt dreimal verheiratet. Darauf soll nur deshalb aufmerksam gemacht werden, weil diese Tatsache im Hinblick auf das Familienerbe bedeutungsvoll wurde. Während seine beiden ersten Ehepartnerinnen zu seiner Verwandtschaft gehörten, heiratete *Leopold* 1676 in dritter Ehe eine *Eleonore Magdalena* von Pfalz-Neuburg, eine „Fremde" sozusagen, und prompt finden wir bei seinen Kindern, den späteren Kaisern *Josef I.* und *Karl VI.*, eine Abschwächung des Familienmerkmals.

Leopold I. regierte fast 50 Jahre – im Grunde eine Zeit ununterbrochener Kriege, im Westen gegen Frankreich, im Osten gegen das Osmanische Reich. Während er im Westen durchweg glücklos operierte, war er im Osten durchaus erfolgreich.

Im Westen kam es zu den Friedensschlüssen von Nymwegen und Ryswijk, die mit erheblichen Landverlusten für *Leopold* einhergingen.

Als mit *Karl II.* die Habsburger spanische Linie ausstarb, kam es zum Spanischen Erbfolgekrieg, in dem *Leopold* seinem zweiten Sohn *Karl* die Krone sichern wollte, während *Ludwig XIV.* von

Kaiser Leopold I., Sohn Ferdinands III.

Kaiser Leopold I. – „. . . das Gesicht durch die herabhängende Unterlippe entstellt“

Eleonore Magdalena von Pfalz-Neuburg, dritte Gemahlin Kaiser Leopolds I.

Philipp II. König von Spanien, Sohn Kaiser Karls V.

Philipp II. – „stark vaterfixierter Sonderling mit zwangsneurotischen Zügen“

Don Carlos, Sohn Philipps II. aus seiner ersten Ehe

Philipp III. König von Spanien – ein regierungsunfähiger schwacher Regent

Philipp IV. König von Spanien – bereitete dem habsburgischen Spanien das Totenbett

Frankreich für seinen Enkel, *Philipp* von Anjou, kämpfte. *Leopold* erlebte zwar noch den Sieg bei Höchstädt unter Prinz *Eugen* und dem Herzog von Marlborough, nicht aber das Ende des Krieges, denn 1705 starb er.

Von Haus aus war *Leopold* ein in der Kriegskunst unerfahrener Mann, der sich mit seinem Vater nicht im mindesten messen konnte. Seine Stärken lagen woanders, denn er war ein Mann von Bildung und hoher Musikalität. Er spielte mehrere Instrumente, komponierte und wurde zum Begründer der glänzenden Tradition des Wiener Musiktheaters.

Seine Verdienste um die 1652 gegründete Deutsche Akademie der Naturforscher, die nach ihm benannte Leopoldina, sind durchaus erwähnenswert, denn diese Akademie trug zur Wiederbelebung der Naturwissenschaften nach völligem Niedergang im 30jährigen Krieg ganz wesentlich bei und hat bis heute Bestand.

Mit *Leopold I.* findet die Klassikerreihe ihren Abschluß, und das verdanken die Habsburger seiner ehelichen Verbindung mit *Eleonore Magdalena* von Pfalz-Neuburg.

Spanische Reinkultur

Da *Karl V.* die spanische Krone erbte, wird er den Spaniern zugerechnet, so daß die spanische Habsburger Linie mit ihm beginnt, korrekt schon mit seinem Vater, *Philipp dem Schönen*.

Wir haben das geändert und *Karl* der Klassikerreihe zugeordnet, weil sonst in unserer Betrachtung theoretisch in Deutschland ein politisches Vakuum von neununddreißig Jahren auftreten würde. Das liegt natürlich einzig und allein an dem Umstand, daß *Karl* sowohl König von Spanien als auch Kaiser des Heiligen Römischen Reiches Deutscher Nation war.

Philipp II. aber führte auch dynastisch die Habsburger spanische Linie an, ebenso wie sein Onkel, Kaiser *Ferdinand I.*, am Anfang der österreichischen Linie stand.

Hinsichtlich der Progenie sind die spanischen Habsburger durch die Bank Klassiker – ja, es gibt sogar die Auffassung, daß das Familienmerkmal bei ihnen ausgeprägter gewesen sei als bei den

Österreichern. Wir schließen uns dieser Meinung nicht an, denn *Leopold I.* war neben *Karl V.* das Paradebeispiel für eine Progenie, selbst wenn die spanischen Habsburger, insbesondere das Schlußlicht dieser Familie, König *Karl II.*, es in sich hatten.

Philipp II. (1527–1598)

Auch *Philipp II.* war ein überzeugender Träger des Habsburger Merkmals. Dennoch können wir uns der Meinung nicht anschließen, daß er ein Ebenbild seines Vaters war. Nach den bildlichen Überlieferungen war *Philipp II.* ohne Frage auffällig wegen seiner Progenie – aber bei seinem Vater war alles monströser und grotesker. Das verraten selbst modellierte und idealisierte Darstellungen.

Philipp II. war klein von Wuchs, kränklich, menschenscheu und introvertiert – ein ernster, autoritärer Mann von hoher Pflichtauffassung. Er wurde auch als ein „stark vaterfixierter Sonderling mit zwangsneutortischen Zügen" beschrieben. Bei dieser Charakterisierung kommen zwangsläufig Assoziationen zu *Karl V.*, und erst recht zu seiner Großmutter *Johanna der Wahnsinnigen*.

Philipp II. wurde in Spanien geboren und zunächst von seiner Mutter erzogen, bis sich der Vater, auf den er dann stark fixiert war, seiner annahm. Desinteressiert war er nicht, er war für die Wissenschaften und Künste gleichermaßen aufgeschlossen, aber seine starke Religiosität, die später in Intoleranz und Fanatismus mündete, trat schon in seiner Jugend zutage. In seinen persönlichen Ansprüchen war er bescheiden, seine Kleidung und sein Auftreten ließen nicht auf seinen Rang schließen.

Philipp II. war ingesamt viermal verheiratet. Seine vitalen Beziehungen zu Frauen können also nicht geleugnet werden, auch wenn ihm sozusagen die Frauen wegstarben. 1543 heiratete er seine Cousine *Maria* von Portugal, die die Mutter von *Don Carlos* wurde, der allerdings schon mit dreiundzwanzig Jahren starb.

Sollte man den Hauptzweck seiner Regierung nennen, so war es einerseits die Wahrung und Mehrung des väterlichen Erbes, andererseits die Verteidigung des katholischen Glaubens mit allen legalen und illegalen Mitteln. *Philipp* selbst, ein Mann mit geringer

Ausstrahlung, hielt sich bei allen Intrigen und drakonischen Maßnahmen der Inquisition bedeckt. Er war ein bienenfleißiger Schreibtischarbeiter, der seinen Staat bürokratisch regieren wollte. Aber die finsteren Machenschaften der Inquisition, die nach Art einer Geheimpolizei jeden Verdächtigen und Andersdenkenden ans Messer lieferte, ließ er zu. „Ketzer", zu denen auch Mauren und Juden, selbst die getauften, zählten, kamen auf den Scheiterhaufen, erst recht die Protestanten in den Niederlanden.

Für Stabilität im Innern sorgte die Inquisition, für die äußere Sicherheit die spanische Soldateska.

Trotz allem blieben ihm herbe politische Rückschläge nicht erspart: dazu gehörte der Abfall der nördlichen Niederlande ebenso wie der Untergang seiner legendären Armada 1588 im Kampf gegen die Engländer. Seine Bestrebungen der Hispanisierung und Rekatholisierung Englands fanden damit ihr jähes Ende.

Aber gleichermaßen gelang *Philipp II.* ein herausragender Erfolg von weitreichender Bedeutung. Er besiegte 1571 die Türken bei Lepanto in der Bucht von Korinth und zerstörte damit deren Vormachtstellung im Mittelmeer.

Im Landesinnern verwandte der König Zeit und Geld für eine beachtliche Bautätigkeit. Als herausragendes Beispiel mag hier der 45 Kilometer von Madrid entfernt liegende Escorial genannt werden, der Palast, Kloster und Pantheon in einem war. Für *Philipp* bezeichnend war die Einrichtung seiner Privatgemächer, die sich durch Armut und mönchische Bescheidenheit auszeichneten.

Nach dem Tode seiner ersten Frau heiratete *Philipp* 1554 die ältere und wenig ansehnliche *Maria Tudor*, die aber schon 1558 starb. *Philipp* kehrte nun nach Spanien zurück, das er nie mehr verlassen sollte. Schon ein Jahr später ging er die Ehe mit *Elisabeth Valois*, einer Tochter des französischen Königs *Heinrich II.* ein. Als *Elisabeth*, nachdem sie zwei Töchter zur Welt gebracht hatte, nach einer Fehlgeburt starb, verbreitete sich in Europa das Gerücht, *Philipp* habe sie und seinen Sohn *Don Carlos* umbringen lassen. *Don Carlos*, von dem noch die Rede sein wird, hatte engere menschliche Beziehungen nur zu seiner Stiefmutter *Elisabeth*.

Bisher war *Philipp*, der uneingeschränkte Herrscher der ersten

Weltmacht der Neuzeit, der nahezu die Hegemonie trotz aller Widerstände und politischen Rückschläge über Europa hatte und dessen Regentschaft eigentlich den Höhepunkt der spanischen Geschichte bildete, ein Mann ohne Thronnachfolger. Das mag ihn mitbewogen haben, ein viertes Mal zu heiraten. Er entschied sich also überwiegend aus dynastischen Gründen für seine Nichte *Anna* von Österreich. Die aus dieser Verbindung hervorgegangenen Kinder starben alle bis auf den Sohn *Philipp*, der sein Nachfolger wurde.

Philipps letzte Lebenszeit war von Krankheit und Siechtum gezeichnet. Die Gicht quälte und lähmte ihn. Während er die Strecke zwischen Madrid und dem Escorial gewöhnlich zu Pferd oder mit der Kutsche zurücklegte, blieb ihm am Ende nur die Sänfte. Sein Ende glich dem seines Vaters: schmerzgeplagt und körperlich dahinsiechend beschloß er sein Leben 1598 im Escorial.

Mit *Philipp II.* verbindet man landläufig die finsteren Jahre der Inquisition und des Schauder auslösenden Katholizismus des Spätmittelalters. Gewiß war er das auch, aber er war dennoch mehr. Er war ein außerordentlich fleißiger Mann, der seinen Dienst am Staat über alles stellte und dessen Selbstbeherrschung gleichermaßen gefürchtet wie bewundert wurde. Triebfeder seines Handelns war die Mehrung der spanischen Herrschaft und die Konservierung des katholischen Glaubens um jeden Preis. In konfessionellen Fragen gab es keinen Pardon, und die Inquisition war ihm ein willkommener Handlanger und ein Bewahrer des katholischen Glaubens.

Unter allen spanischen Habsburgern war *Philipp II.* aber die herausragende Herrscherpersönlichkeit. Wer nach ihm kam, war dekadent bis hin zur Lebensuntüchtigkeit und schließlich zum Aussterben dieser südwesteuropäischen Habsburger Linie.

Don Carlos (1545–1568)

Der Thronfolger *Philipps II.* aus erster Ehe, *Don Carlos*, hatte mit hoher Wahrscheinlichkeit eine wulstige Unterlippe, so daß man nicht fehl in der Annahme geht, auch in ihm äußerlich einen typischen Habsburger zu sehen. Da er früh starb, ist die Anzahl der Porträts von ihm begrenzt – aber die wenigen Bilder genügen, um zumindest an einen Habsburger denken zu lassen.

Don Carlos ist eine tragische Gestalt in der Geschichte. In der Literatur späterer Jahrhunderte und auch in der Musik wird er zur romantischen Figur, aber historisch ist das nicht haltbar. Bei *Friedrich Schiller* und auch bei *Verdi* wird er zum Freiheitskämpfer gegen die Schreckensherrschaft seines Vaters. Aber das konnte er gar nicht, denn in Wirklichkeit war er geisteskrank und unberechenbar. Trug er womöglich noch am dem späten Erbe seiner Urgroßmutter, *Johanna der Wahnsinnigen*? Aber auch um seinen Großvater, Kaiser *Karl V.*, stand es ja diesbezüglich nicht am besten. Und auch sein Vater soll zwangsneurotische Züge gehabt haben.

Schon als Kind machte er durch Wutanfälle und Zornesausbrüche bei geistiger Minderbegabung auf sich aufmerksam. Ein Sturz 1562 mit Schädelverletzungen, die eine Trepanation nach sich zogen, verschlimmerte seinen Zustand: er war gehbehindert und erblindete zeitweilig.

Seine unkontrollierten Verhaltensweisen, die Diener wie Minister bedrohten und seine exzessiven und ausschweifenden Lebensgewohnheiten im Essen, Trinken und auch im Umgang mit Frauen zerstörten früh das Verhältnis zum Vater.

Als sich die Niederlande 1566 gegen das spanische Joch erhoben, sollen die Aufständischen auf die Unterstützung von *Don Carlos* gehofft haben, was aber nicht glaubhaft ist. Immerhin bereitete der kranke Thronfolger 1567 einen Fluchtversuch vor, angeblich in die Niederlande. Nun schritt *Philipp II.*, der rechtzeitig informiert wurde, gegen seinen Sohn ein, und stellte ihn unter Arrest, wo er durch Hungerstreiks auf sich aufmerksam machte. *Don Carlos* starb im Sommer 1568 im Kerker von Alcázar und wurde im Escorial beigesetzt.

Der regierungsunfähige Thronfolger *Philipps II.* war tot – war er mit dreiundzwanzig Jahren eines natürlichen Todes im Kerker gestorben? *Wilhelm* von Oranien hat das bezweifelt und *Philipp II.* unterstellt, daß er seinen unfähigen kranken Sohn vergiften ließ, übrigens auch seine Frau *Elisabeth*. Niemand konnte und kann eine Antwort darauf geben – die schweren Anschuldigungen sind weder zu beweisen noch zu widerlegen. Fest steht nur, daß diese These dem Ansehen *Philipps II.* in Europa, namentlich in seinen protestantischen Landen, schwer geschadet hat.

Gewußt wird, daß *Philipp II.* Vorkehrungen traf, seinen Sohn auf Dauer in Sicherheit bringen zu lassen und ihn damit endgültig aus dem öffentlichen Leben zu entfernen. Das spricht natürlich gegen die These *Wilhelm* von Oraniens und wäre nichts als eine Wiederholung des Schicksals, das *Johanna die Wahnsinnige* durchleiden mußte.

Warum gerade *Don Carlos* zu einer legendären und literarisch trächtigen Gestalt wurde, bleibt unklar.

Philipp III. (1578–1621)

Der korrektheithalber darf auch er in diesem Lexikon nicht fehlen, obwohl er politisch völlig bedeutungslos war und den Niedergang Spaniens mitverschuldete und beschleunigte.

Philipp III. war klein von Wuchs, hatte rötliche Haare und soll seinem Vater nicht unähnlich gewesen sein. In unserer Betrachtung ist er insofern bedeutungsvoll, als er eine stattliche Progenie aufzuweisen hatte und wenigstens dadurch seine Zugehörigkeit zum Hause Habsburg demonstrieren konnte. Es gibt auch bemerkenswerte Darstellungen von ihm, namentlich von dem berühmten spanischen Maler *Diego Velázquez*, die aber den Makel haben, daß sie nicht stimmen.

Sieht man ihn dynastisch, so war er ein überaus schwacher Sohn eines leistungsstarken Vaters, dem nur eines gelang, das Erbe *Philipps II.* zu wahren, aber um nichts zu mehren. Bei Lichte besehen, gelang ihm persönlich gar nichts, denn er selbst war überhaupt nicht regierungsfähig und übertrug die Staatsgeschäfte seinem Günstling, dem Herzog von Lerma. Dieser war außenpolitisch keineswegs untalentiert, und ihm gelang es, sowohl mit Frankreich als auch mit England Frieden herzustellen, den das stark geschüttelte Spanien dringend nötig hatte.

Daß er im Landesinneren die Vertreibung der Moriskos (Mauren) mit unnachsichtiger Härte betrieb, war kurzsichtig, denn gerade diese Bevölkerungsgruppe war wirtschaftlich außerordentlich stark und trug zur Stabilität Spaniens bei.

Obwohl Lermas Stellung unerschütterlich schien, gelang der Opposition im Lande, diesen Mann drei Jahre vor dem Tode *Philipps III.* zu stürzen.

Philipp III., der sein Leben den Tafelfreuden und dem Kartenspiel hingab, und der darüber hinaus noch den Beinamen „der Fromme“ trug, war ein dekadenter, regierungsunfähiger und schwacher Regent, der den Untergang Spaniens einleitete und verschuldete.

Philipp IV. (1605–1665)

Auch *Philipp IV.* hatte wie all seine Vorfahren eine Progenie, selbst auf den Gemälden seines Hofmalers *Diego Velázquez*. Er war, auch wenn er sich der Damenwelt gegenüber ziemlich unwiderstehlich fand, keine glückliche Erscheinung und seine Erfolge in der Damenwelt waren mit Sicherheit nicht auf eine imponierende und faszinierende Männerpersönlichkeit zurückzuführen.

Diesem vorletzten spanischen König aus dem Hause Habsburg werden unterschiedliche Dinge nachgesagt. Einerseits sieht ihn die Geschichte als totalen Versager infolge einer „angeborenen Indolenz“. Für diese Vertreter war er ein Mann, den seine Leidenschaften trieben, seine angeblich krankhafte Sinnlichkeit ebenso wie seine Lust am Stierkampf und an der Jagd.

Historiker, die es besser mit ihm meinen, erinnern an seine künstlerischen Neigungen und halten *Philipp IV.* sogar für überdurchschnittlich begabt und vergessen nicht, auf seine Frömmigkeit hinzuweisen, was ja wohl kein besonderes geistiges Verdienst ist.

Eine Blüte der Kultur zur Regierungszeit *Philipps IV.* ist nicht zu leugnen, denn schließlich haben sich Künstler wie *Velázquez* und *Calderón* in seiner Zeit für die Nachwelt ein Denkmal setzen können.

Trotz solcher Versuche bleibt unbestritten, daß *Philipp IV.* ein kompletter Versager war und dem habsburgischen Spanien das Totenbett bereitete. Er war kein Maler oder Dichter, sondern von Geburt wegen zum Politiker bestimmt – und als solcher hat er sträflich versagt. Niemals hat er selbst regiert – er hat es seinem insuffizienten Vater gleichgemacht und die Staatsgeschäfte in die Hände eines Günstlings gelegt, in die Hände eines Herzogs von *Olivares,* der zwanzig Jahre Spanien regierte. Politisch und wirtschaftlich ging Spanien, das unter *Philipp II.* noch die Hegemonialmacht in Europa war, seinem Bankrott entgegen. Dazu gehörte auch der Verlust Portugals, das *Philipp II.* an Spanien gebracht hatte.

Karl II. (1661–1700)

Über *Karl II.*, Sohn und Nachfolger *Philipps IV.*, sollte man besser das Tuch der Vergessenheit legen, um das tragische Schicksal dieses letzten spanischen Habsburgers nicht weiter wachzuhalten.

Diesen König kann man bemitleiden, denn seine Unfähigkeit war doch nichts als der schreckliche Preis einer über Generationen geübten Inzucht in seiner Familie. Die Degeneration und Dekadenz wurden schon seit seinem völlig regierungsunfähigen Großvater, *Philipp III.*, deutlich, bei ihm erreichten sie den Kulminationspunkt und das Ende der Habsburger Dynastie in Spanien.

Karl II., der äußerlich unverkennbar ein Habsburger war, war ein kranker Regent. Mit neun Jahren konnte er weder lesen noch schreiben. Ein angeblicher Herzfehler löste häufig Fieber- und Ohnmachtsanfälle aus. Er war infantil und erfreute sich des Mikadospiels genauso wie der Jagd, der er aber nur klatschend beiwohnte, niemals aktiv.

Dieser letzte König der Habsburger in Spanien war ein Kreuz für die Krone: Denn er war nie regierungsfähig. Seine Mutter und sein Halbbruder mußten ihn in seinem Amt vertreten, er selbst war und blieb unmündig und steuerte sein Reich der Endzeit entgegen.

Karl II., obwohl zweimal aufgrund von mütterlichen Anordnungen verheiratet, starb 1700 kinderlos.

Dieser Monarch, wenn der Ausdruck überhaupt gestattet ist, war das Ende Spaniens, des habsburgischen Spaniens. Der Urenkel *Philipps II.* trug für immer die habsburgische Dynastie zu Grabe – aber man kann ihn nicht dafür anschuldigen, denn er selbst war nichts als Endprodukt der sträflichen und dummen Heiratspolitik seiner Vorfahren.

1700 starb *Karl II.* – gut 100 Jahre nach seinem souveränen und machtbewußten Urgroßvater, *Philipp II.* von Spanien. Es folgte der sogenannte Spanische Erbfolgekrieg, weil die Franzosen und die Österreicher auf die verwaiste spanische Krone reflektierten.

Der lange Nachsommer

Zwischen dem Tod *Leopolds I.* im Jahre 1705 und dem Ende des Heiligen Römischen Reiches lagen noch einhundert weitere deutsche Kaiserjahre für das Haus Habsburg mit insgesamt sechs Regenten.

Kaiser *Leopold I.* hatte äußerlich die Klassikerreihe mit einem Paukenschlag beendet. So dramatisch wie dieses Finale am Ende einer fast dreihundert Jahre währenden Entwicklung ausfiel, so zaghaft begann der lange Nachsommer, den Kaiser *Josef I.* einleitete.

Die Ursache dafür sehen wir in *Leopolds* dritter Ehe mit der schon erwähnten *Eleonore Magdalena* von Pfalz-Neuburg – endlich eine „Fremde", eine Nichthabsburgerin, in deren Adern zwar noch Spuren habsburgischen Blutes flossen, aber nur zu einem Zweiunddreißigstel. (In der fünften aszendenten Generation fand sich zweimal *Ferdinand I.* bei ihr.)

Die Nachkommen aus seiner dritten Ehe sind ohne Familienkenntnis kaum noch als Habsburger zu erkennen. *Leopolds* Tochter *Maria Elisabeth* kann als schön bezeichnet werden, zumindest hatte sie ebenmäßige Züge mit einer völlig unauffälligen Mundpartie.

Gewohnt an das typische Aussehen der Habsburger, hat man bei *Josef I.*, *Leopolds* ältestem Sohn, nicht mehr den Eindruck von habsburgischer Familienzugehörigkeit. Sein Bruder und Nachfolger, Kaiser *Karl VI.*, war zwar äußerlich noch ein Habsburger, das Familienmerkmal aber war diskret und wenig ausgeprägt.

Karl II. von Spanien – der letzte spanische König aus dem Hause Habsburg

Karl II. von Spanien – ein Kreuz für die Krone

Maria Elisabeth – Tochter Kaiser Leopolds I. aus seiner dritten Ehe mit der Prinzessin Eleonore Magdalena von Pfalz-Neuburg

Kaiser Josef I. – aus religiöser Sicht ein Habsburger Außenseiter

Josef I. (1678–1711)

Josef I. war in jeder Beziehung ein atypischer Habsburger. Nach einer Ähnlichkeit mit seinen Vorfahren sucht man vergebens. Sein Mund war harmonisch gebildet, wie er überhaupt eine ansehnliche Erscheinung gewesen ist.

Auch hinsichtlich seiner Religiosität war er ein Habsburger Außenseiter – fromm war er wohl kaum.

Daß er erfolgreich im Spanischen Erbfolgekrieg gegen *Ludwig XIV.* von Frankreich war, verdankte er dem Herzog von Marlborough und Prinz *Eugen*, den er nach Leibeskräften förderte.

Josef I. war ein energischer Monarch von ausgeprägtem dynastischem Selbstbewußtsein. Konflikte scheute er nicht, auch solche mit dem Papst nicht.

Er war heiter und lebenshungrig bis hin zu vielen amourösen Abenteuern, die ihm nachgesagt wurden.

Aber schon mit 33 Jahren starb der Kaiser im Jahre 1711 – er erlag den Blattern.

Karl VI. (1685–1740)

Im Unterschied zu seinem Bruder hatte *Karl VI.* eine kräftige Unterlippe, aber progen scheint er nicht gewesen zu sein.

Das Kernstück seiner Politik war die Durchsetzung der sogenannten Pragmatischen Sanktion, die die Unteilbarkeit der österreichischen Lande sicherte und eine weibliche Nachfolge zuließ. Dazu benötigte er die Garantien der anderen europäischen Mächte, die er im Laufe der Zeit auch erhielt. Damit sicherte *Karl* seiner ältesten Tochter *Maria Theresia* die Nachfolge vor den Töchtern *Josefs I.*

Karl VI. war ein großer Mäzen und lebte ganz in der Tradition der Habsburger Musik- und Kunstwelt.

Als er 1740 starb, erlosch mit ihm die österreichische Habsburger Linie im Mannesstamm, und die Pragmatische Sanktion trat in Kraft.

Kaiser Karl VI. – der letzte Habsburger im Mannesstamm

Kaiserin Maria Theresia – älteste Tochter Kaiser Karls VI.

Kaiser Franz I. Stefan, Gemahl Maria Theresias

Kaiser Josef II. – sympathisierte mit dem Erzfeind seiner Mutter, Friedrich dem Großen

Maria Theresia (1717–1780)

Was *Maria Theresia* betrifft, so ist sie zwar in ihren älteren Jahren eine ausgesprochen wohlbeleibte Dame gewesen, aber progen war sie nicht, auch wenn einige Autoren sie gern so sehen möchten. Aber ihre Gesichtszüge sind völlig ebenmäßig, als junge Frau war sie nicht nur ansehnlich – sie war auch hübsch.

1736 heiratete sie den Herzog *Franz Stefan* von Lothringen (1708–1765) und begründete damit das Haus Habsburg-Lothringen.

Maria Theresias Gemahl hatte in seinem Ahnenpaß zwar eine habsburgische Großmutter, eine Schwester *Leopolds I.*, aufzuweisen, aber sein Äußeres war in Bezug auf den Habsburger Typus unauffällig.

1745 wurde der Lothringer als *Franz I.* zum deutschen Kaiser gewählt.

Maria Theresias Regierungszeit war gekennzeichnet durch den Kampf um Schlesien, das der Preußenkönig, *Friedrich der Große*, ihr streitig machte. Nach dem Siebenjährigen Krieg unterlag sie schließlich und mußte diese österreichische Provinz Preußen überlassen.

Innenpolitisch hat die Kaiserin grundlegende Veränderungen im gesamten öffentlichen Leben durchgeführt. Ihr großangelegtes Reformwerk betraf die Verwaltung, die Armee, das Gerichtswesen, die Finanzen, Industrie und Handel wie die Universitäten und das Schulwesen. Obwohl sie selbst eine fromme Katholikin war, erfaßte ihr Reformwerk auch die Kirche.

So reformfreudig *Maria Theresia* auch war, den Ideen der Aufklärung verschloß sie sich.

Als Kaiser *Franz I.* 1765 starb, wurde sein Sohn als *Josef II.* zum Mitregenten *Maria Theresias*.

Josef II. (1741–1790)

Josef II. hatte äußerlich mit den Habsburgern keinerlei Ähnlichkeit mehr – er leitete einen neuen, den habsburgisch-lothringischen Gesichtstyp ein, zu dem die Progenie nicht mehr gehörte.

Fünfzehn Jahre war *Josef II.* Mitregent, nur zehn Jahre der Alleinherrschaft waren ihm beschieden. Seine Regierungszeit war gekennzeichnet durch grundlegende sozial- und kirchenpolitische Reformen, die er zielstrebig und unbeirrbar durchzusetzen verstand. Er identifizierte sich mit den Ideen des aufgeklärten Absolutismus und sympathisierte von daher mit dem Erzfeind seiner Mutter, *Friedrich dem Großen*. Begriffe wie Wohlstandsstaat und Volkskaiser waren keine leeren Schlagworte. Gegen Widerstände hob er die Leibeigenschaft auf, führte die staatliche Aufsicht über die Kirche ein und setzte sein Toleranzedikt durch, das allen nichtkatholischen Konfessionen Gleichberechtigung garantieren sollte.

Seine Regentschaft ist als Josefinisches Zeitalter in die österreichische Geschichte eingegangen.

Leopold II. (1747–1792)

Auch bei *Leopold II.* sucht man vergebens nach einer Progenie, selbst nach einer auffallenden Unterlippe – mit *Karl VI.*, dem letzten männlichen Habsburger, scheint dieser Typus ein für allemal sein Ende gefunden zu haben.

Politisch gibt es über *Leopold II.* insofern kaum etwas zu sagen, als er schon zwei Jahre nach der Amtsübernahme starb.

Er war ein aufgeklärter Fürst, dessen fortschrittliche Ideen in der Staatsführung sich mit denen seines Bruders, *Josefs II.*, deckten.

Sein plötzlicher Tod hat zu mannigfachen Spekulationen Anlaß gegeben, denen wir uns aber nicht anschließen wollen.

Franz II. (I.) (1768–1835)

Auch *Leopolds* älterer Sohn, *Franz II.*, war äußerlich ein typischer Vertreter der Habsburg-Lothringer Linie; mit den „alten" Habsburgern vermißt man jede Ähnlichkeit.

Die ersten zwanzig Jahre seiner Regierungszeit waren von Kriegen überschattet, die insbesondere im napoleonischen Zeitalter immer weitergehende Konsequenzen forderten. 1804 entschloß sich *Franz II.* ein erbliches Kaisertum in Österreich zu errichten, um 1806 unter dem napoleonischen Druck der deutschen Kaiserkrone zu entsagen und das fast eintausendjährige Heilige Römische Reich Deutscher Nation aufzulösen.

Seit 1809 bestimmte Fürst *Metternich* die Politik Österreichs, der die Geschicke des Landes als Staatskanzler auch über den Wiener Kongreß hinaus bestimmte und durch strenge Zensur und Polizeimaßnahmen dem Zeitalter der sogenannten Heiligen Allianz ihr Gepräge gab.

Als Kaiser *Franz* 1835 starb, folgten ihm noch sein Sohn, *Ferdinand I.*, dessen Neffe, *Franz Josef I.* sowie dessen Neffe, *Karl I.* (1887–1922) im Kaiseramt, bis im Jahre 1918 die Monarchie in Österreich für immer zu Grabe getragen wurde.

Auch die letzten drei Regenten hatten keine Progenie – das Ende der Klassikerreihe lag zweihundert Jahre hinter ihnen.

Ahnenschwund

Der Inzuchtgrad, der nicht unwesentlich zur Manifestation und ständigen Stabilisierung des Habsburger Gesichtstypus beitrug, war außerordentlich hoch. Viele gekrönte Häupter und auch die nicht gekrönten Habsburger heirateten unter sich.

Der sich zwangsläufig ergebende Ahnenverlust bei den Habsburgern kann eindrucksvoll am Beispiel von *Don Carlos* demonstriert werden.

Während jeder Mensch normalerweise über sechzehn Urgroßeltern verfügt, mußte sich der Infant von Spanien mit sechs begnügen. Wie kam das zustande? Das fing bei seinen Eltern an, denn *Philipp II.* und dessen Ehefrau *Maria* von Portugal waren Cousin und Cousine. Unter seinen vier Großeltern waren seine Großmutter *Isabella* von Portugal, die Gemahlin *Karls V.*, und *Johann III.*, sein portugiesischer Großvater, Geschwister, so daß in der nächsten aszendenten Generation schon ein Verlust von zwei Ahnen vorlag. Damit aber nicht genug, denn es heirateten in der Großelterngeneration jeweils zwei Geschwisterpaare. *Don*

Carlos' deutscher Großvater Kaiser *Karl V.* war der Bruder von *Katharina* von Österreich, die seinen portugiesischen Großvater, *Johann III.*, heiratete, so daß ein weiterer Ahnenverlust von zwei Vorfahren eintrat. Im Klartext bedeutete das, daß *Don Carlos* über vier Großeltern, aber auch nur über vier Urgroßeltern verfügte, während man normalerweise ja auf acht verweisen kann.

Da unter seinen vier Urgroßeltern wiederum zwei Geschwister waren – die beiden Töchter von *Ferdinand* von Aragon und *Isabella* von Kastilien *Johanna die Wahnsinnige*, Ehefrau *Philipps des Schönen* und *Maria* von Spanien, die *Emanuel* von Portugal heiratete –, reduzierte sich die Ahnengalerie des *Don Carlos* in der nächsten aszendenten Generation um zehn. Während man üblicherweise auf sechzehn Ururgroßeltern verweisen kann, hatte *Don Carlos* also nur sechs anzubieten.

Da diese genealogischen Beziehungen wegen ihrer Verworrenheit schwer zu lesen sind, soll die folgende Ahnentafel Abhilfe schaffen (Tafel 2).

Die Beispiele für den Ahnenverlust bei den Habsburgern oder für deren hohen Inzuchtgrad ließen sich beliebig fortsetzen. An sich war es erst Kaiser *Leopold I.*, der in seiner dritten Ehe diese verhängnisvolle Praxis durchbrach, und prompt findet man eine Abschwächung des entstellenden Merkmals.

Welche Blüten schließlich die zwangsläufig folgende Degeneration trieb, wird an dem letzten spanischen Habsburger, *Karl II.*, deutlich, aber nicht nur an ihm. Degeneration bis hin zur Zeugungsunfähigkeit wie bei Kaiser *Matthias* etwa waren die unausbleiblichen Folgen.

Nach Teilung des Hauses Habsburg in eine spanische und österreichische Linie war die eheliche Anziehungskraft zum jeweils anderen Haus geradezu magisch. Im Grunde blieben die Habsburger weiter unter sich.

Wir wollen einmal die ehelichen und familiären Bindungen der spanischen Habsburger mit den österreichischen beleuchten und werden sehen, daß man sich von Generation zu Generation die Treue hielt.

Philipp II., Sohn Kaiser *Karls V.*, heiratete in vierter Ehe eine Tochter seines ungeliebten, protestantenfreundlichen österreichischen Cousins, Kaiser *Maximilians II.*, also seine Nichte. Aus die-

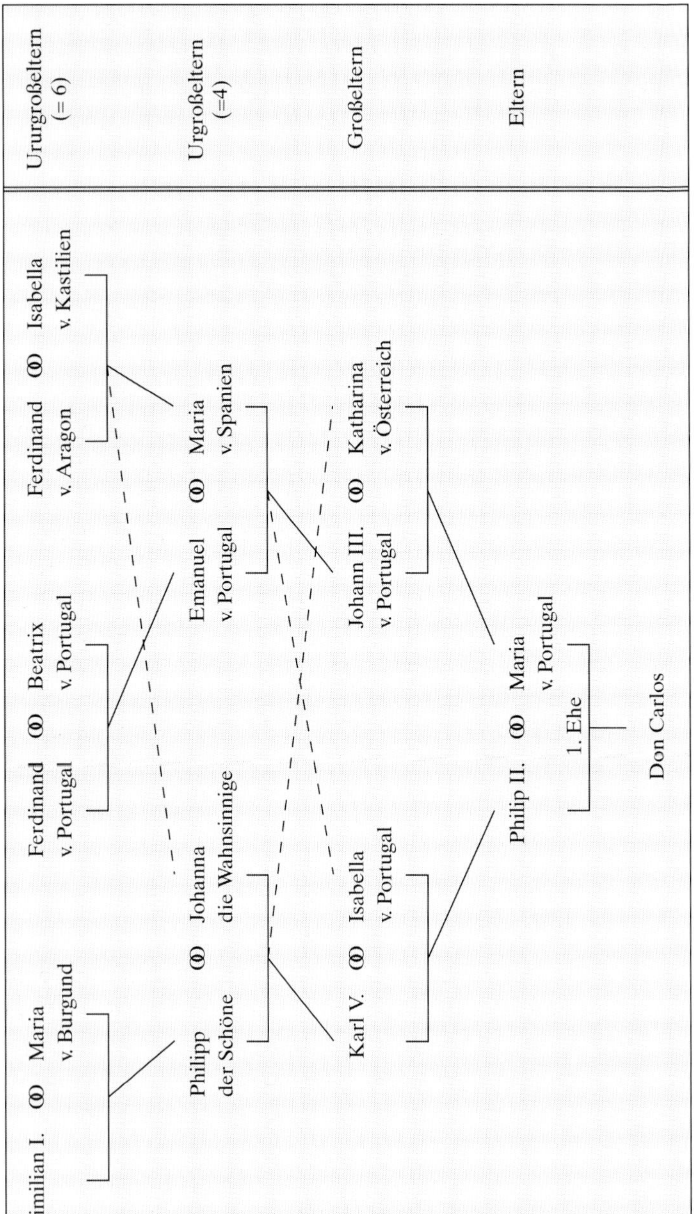

Tafel 2 Ahnentafel Don Carlos' (Ahnenverlust durch Verwandtenehen)

ser Ehe mit der Österreicherin ging sein Sohn und Nachfolger *Philipp III.*, hervor, während der schon mit dreiundzwanzig Jahren verstorbene Sohn *Don Carlos Philipps* erster Ehe mit seiner Cousine *Maria* von Portugal entstammte.

Kaiser *Maximilian II.* selbst hatte seine österreichische Cousine *Maria*, Tochter Kaiser *Karls V.*, geheiratet. Die Tochter seines Bruders, *Karls II.* von Innerösterreich, die Erzherzogin *Margarete*, wurde die Gemahlin *Philipps III.* – sie heiratete also ihren Cousin zweiten Grades. Aus dieser zuletzt genannten Ehe ging *Philipp IV.*, aber auch eine *Maria Anna*, die die Gemahlin ihres österreichischen Cousins dritten Grades, Kaiser *Ferdinands III.* wurde, hervor. Und was *Philipp IV.* betraf, so heiratete er in zweiter Ehe eine *Maria Anna* von Österreich, seine Nichte, Tochter seiner Schwester *Maria Anna* und Kaiser *Ferdinands III.*

Zwar heiratete *Philipps* Sohn und Nachfolger, König *Karl II.* von Spanien, nicht mehr habsburgisch, aber das half ihm nichts mehr. Er mußte wohl den Preis zahlen für den hohen Grad an Blutsverwandtschaft – ein körperlich und geistig degenerierter Monarch, unfähig zu regieren, starb 39jährig kinderlos und beendete die spanische Habsburger Regentenlinie.

Um in diese genealogische Verwirrung Übersichtlichkeit zu bringen, wird folgende Stammtafel gebracht (Tafel 3).

Und Habsburgs Frauen?

Der Nachweis der Progenie bei den römischen Kaisern aus dem Hause Habsburg ist allein noch kein Beweis für einen erblichen Familientypus. Die von mir benutzte und allgemein übliche Betrachtungsweise der Herrschergestalten ist nichts weiter als ein politischer und damit zufälliger Leitfaden; genetisch kann er einer Überprüfung schwer standhalten. Zur Abrundung der Beurteilung gehört ebenso die Betrachtung der jeweiligen Geschwisterreihen, sowohl der männlichen als auch der weiblichen Familienmitglieder.

Natürlich ist nicht zu leugnen, daß über die exponiertesten Ver-

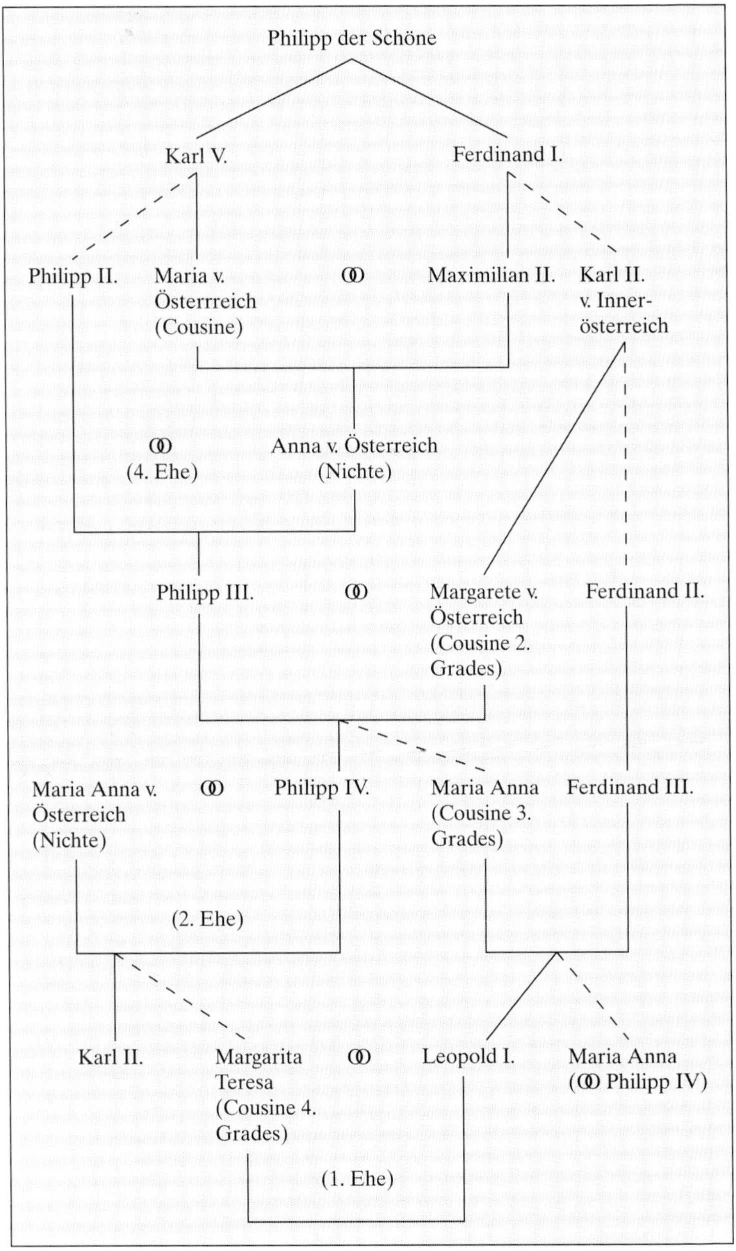

Tafel 3 Habsburgs Ehen – über fünf Generationen Inzucht

treter – also über die Kaiser – das umfangreichste Bildmaterial vorhanden ist.

Politisch unbedeutendere oder im Kindes- und Jugendalter verstorbene Habsburger haben verständlicherweise ungleich weniger Spuren hinterlassen – auch weniger bildliche Zeugnisse.

Daß weitere männliche Familienglieder ebenfalls Träger dieses Typus waren, ist leicht nachzuweisen. Unter den beiden Söhnen *Philipps* des Schönen waren die kaiserlichen Brüder, *Karl V.* und *Ferdinand I.*, ausgesprochen progen. *Karl V.* hatte aus der ehelichen Verbindung mit *Isabella* von Portugal einen Sohn, *Philipp II.* von Spanien. Über ihn braucht hier kein Wort mehr verloren zu werden. Er war eine gelungene Neuauflage seines Vaters.

In der männlichen Nachkommenschaft *Ferdinands I.* war nicht nur sein Sohn und Nachfolger, Kaiser *Maximilian II.*, ein stattlicher Habsburger, auch dessen beide Brüder, *Ferdinand* von Tirol und *Karl* von Steiermark, verkörperten in hervorragender Weise den Familientypus.

Unter den Söhnen *Maximilians II.* waren nicht nur die kaiserlichen Brüder *Rudolf II.* und *Matthias* progen, vier weitere Brüder waren ihnen ebenbürtig.

Diese Aufzählung ließe sich fortführen; sie würde unsere Aussage bekräftigen. Es besteht also kein Zweifel, daß die Merkmalsverteilung innerhalb der Geschwisterreihen ziemlich regelmäßig war, so daß es auch in genetischer Sicht gerechtfertigt ist, einen Merkmalsträger als pars pro toto in den Kronzeugenstand zu rufen.

Daß sich die gewählten römischen Kaiser aus mehreren Gründen besonders anbieten, liegt auf der Hand, denn einmal steht uns hier das umfangreichste Bildmaterial zur Verfügung, und zum anderen sind sie wegen ihrer Rolle in der Geschichte ganz einfach interessanter als ihre politisch unbedeutenderen Geschwister.

Was nun die Habsburger Damenwelt betrifft, so gehen die Ansichten weit auseinander. Angeblich seien die Verhältnisse bei ihnen völlig normal gewesen, was aber nicht stimmt. Wenn es hoch kommt, so wird ihnen eine volle Unterlippe zugebilligt. Im ganzen sei der Typus aber diskret gewesen, an sich habe er wohl überhaupt nicht vorgelegen. Ich kann mich diesen Ansichten nicht anschließen, da es nicht nur von der Anzahl, sondern auch vom Ausprägungsgrad her genügend weibliche Vertreter gibt, die sich

Kaiser Leopold II. – nur zwei Regentenjahre

Kaiser Franz II. (I.), Sohn Kaiser Leopolds II. – letzter Kaiser des Heiligen Römischen Reiches Deutscher Nation; als Kaiser von Österreich Franz I.

Herzogin Kunigunde, Tochter Kaiser Friedrichs III.

Erzherzogin Margarete, Tochter Kaiser Maximilians I.

Eleonore, Königin von Frankreich – Schwester Kaiser Karls V.

Kaiserin Maria, Tochter Karls V. und Gemahlin Kaiser Maximilians II.

Erzherzogin Magdalena, Tochter Kaiser Ferdinands I.

Maria Magdalena, Tochter des Erzherzogs Karl von Steiermark und Gemahlin Cosimos II., Herzog von Medici (Porträtmedaille)

hinter ihren männlichen Familienangehörigen nicht zu verstecken brauchen. Wenn hier und da die Formen milder erscheinen, dann liegt das einmal an der anders gearteten weiblichen Konstitution, nicht aber an einem schwächeren Ausprägungsgrad des Merkmals.

Ein anderer Punkt fällt bei den weiblichen Habsburgern ganz sicher ins Gewicht: das Idealisierungsproblem. Wenn es auch Allgemeingültigkeit hat, so ist es doch besonders bei den Frauen zu beachten. Das Porträt spielte in früheren Jahrhunderten natürlich eine andere Rolle als heute. Die Habsburgerinnen mußten schließlich verheiratet werden, und wenn es möglich war, besonders gut und standesgemäß. Also hatte das Porträt, das oftmals die erste Begegnung mit der zukünftigen Partnerin war, auch entsprechend gefällig auszufallen. Menschliche und politische Gründe zwangen geradezu zur Idealisierung.

Daß der Typus von Haus aus bei den Habsburger Frauen milder ausfiel, wage ich zu bezweifeln.

Unter den Kindern *Maximilians I.* war *Margarete*, Statthalterin der Niederlande, progen, und *Maria* (1505–1558), Tochter *Philipps des Schönen* und Gemahlin *Ludwigs II.* von Ungarn und Böhmen war eine klassische Habsburgerin.

Als Paradebeispiel möchte ich *Maria* von Österreich nennen, eine Tochter *Karls V.*, die ihren Cousin, Kaiser *Maximilian II.*, heiratete. Gäbe es die Schmeichelei *Antonio Moros* nicht, so wäre sie wohl für alle Betrachter über jeden Zweifel erhaben.

Unter der zahlreichen Nachkommenschaft *Ferdinands I.* trug die Hälfte seiner Töchter das Familienmerkmal zur Schau. Vollkommen ausgereift war der Typus bei *Magdalena, Margarethe* und bei *Helene* – alle drei waren Nonnen.

Kaiser *Maximilian II.*, der seine Cousine, die eben erwähnte *Maria* von Österreich heiratete, stand in der Anzahl seiner Kinder seinem Vater nicht nach. Seine Töchter *Anna* (1549–1580), eine Gemahlin *Philipps II.* von Spanien, war ausgesprochen progen und *Elisabeth* (1554–1592), die *Karl IX.* von Frankreich heiratete, war ebenfalls unverkennbar eine Habsburgerin.

Da die Nachfolger und Söhne *Maximilians II.*, Kaiser *Rudolf II.* und *Matthias*, unverehelicht bzw. kinderlos starben, ging die Krone an *Ferdinand II.*, den ältesten Sohn des Erzherzogs *Karl* von Steiermark über. Das Habsburger Erbe aber war hier genauso zu Hause, und die Hälfte seiner Töchter möchte ich als klassisch bezeichnen. *Anna* (1573–1598), die *Sigismund III.* von Polen heiratete, war eine stattliche Habsburgerin, und ihre Schwester *Margarethe* (1584–1611), Gemahlin *Philipps III.* von Spanien, stand ihr in nichts nach wie auch *Maria Magdalena* (1587–1613) nicht, die *Cosimo II.* von Medici vermählt war.

Die Beispiele ließen sich beliebig fortsetzen – aber es ist müßig, da sie nichts als eine Wiederholung der Aussage bringen.

Ich denke, der Leser stimmt mit mir überein, daß Habsburgs Frauen ihre Herkunft schwer verleugnen konnten – sie waren nicht allein repräsentative Trägerinnen ihres Familientypus, sondern auch aufdringliche Überträgerinnen. Schlägt man die Familiengeschichte anderer Dynastien auf, so ist man fast erschrocken, denn überall „habsburgert" es.

Halb Europa

Nicht nur territorial und machtpolitisch haben die Habsburger ihre Grenzen ständig weiter gesteckt, auch ihren Gesichtstypus trugen sie hinaus in alle Welt.

Ebenso wie die häufigen Eheschließungen innerhalb der Familie Habsburg zur Konsolidierung dieses Familientypus beitrugen, sorgten familiäre Verbindungen mit anderen Dynastien Europas für seine kontinuierliche Ausbreitung. Weibliche Familienmitglieder übertrugen den Typus nach Sachsen und Bayern, in die Häuser der Medici, Farnesen und Bourbonen.

Als klassisches Beispiel für den Export des Merkmals in andere Dynastien werden hier die Töchter Kaiser *Ferdinands I.* genannt, die sich in alle Himmelsrichtungen verheirateten und den Typus als nicht zu übersehende Mitgift mitbrachten, um ihn in anderen Häusern zu begründen oder zu stabilisieren.

Ferdinands Tochter *Johanna* heiratete *Francesco I.* von Medici. Die Medici hatten ein solches Merkmal gar nicht nötig, da sie selbst damit gesegnet waren und einige ebenso wie die Habsburger eine wulstige Unterlippe und Progenie ihr eigen nannten. Vielleicht aber wurde durch die Verheiratung mit den Habsburgerinnen das Merkmal bei ihnen doch so stabilisiert, daß es am Ende geradezu monströs ausfiel.

Cosimo I. von Medici (1519–1574) war relativ unauffällig. Sein ältester Sohn, *Francesco I.* heiratete die Habsburgerin *Johanna*, eine Tochter *Ferdinands I.* Deren Tochter *Maria*, Gemahlin *Heinrichs IV.* von Frankreich, war eine typische Habsburgerin.

Nach dem Tode *Ferdinandos I.*, einem Bruder *Francescos*, folgte dessen Sohn, *Cosimo II.*, seinem Vater in der Großherzogwürde. *Cosimo II.*, der zwar über eine kräftige Nase und wulstige Lippen, nicht aber über eine Progenie verfügte, heiratete *Maria Magdalena*, eine Tochter *Karls II.* von Innerösterreich. Sie selbst hatte ohne jeden Zweifel die typische Habsburger Progenie, ihre Söhne *Ferdinando II.* und *Leopoldo* sowie ihr Enkel *Cosimo III.* verkörperten in klassischer Weise den Habsburger Typus.

Auch die Nachkommen von Kaiser *Ferdinands* Tochter *Maria*, die *Wilhelm* von Jülich-Kleve-Berg heiratete, wiesen den Habsburger Familientypus ebenso auf wie die Kinder ihrer Schwester *Anna*, die Gemahlin *Albrechts V.* von Bayern.

Sigismund II. August von Polen, der letzte Jagiellone, hatte in erster Ehe *Elisabeth*, die älteste Tochter Kaiser *Ferdinands I.* geheiratet, in dritter Ehe vermählte er sich mit *Ferdinands* verwitweter Tochter *Katharina*. Diese Ehen waren nicht nur unglücklich, sie blieben auch kinderlos. Wenn diese Verbindungen trotzdem hier genannt werden, auch wenn sie ohne Nachkommen blieben und für die mögliche Ausbreitung des Habsburger Typus gegenstandslos sind, dann soll lediglich darauf aufmerksam gemacht werden, daß eheliche Verbindungen zwischen Habsburger Frauen und den polnischen Herrscherhäusern keine Seltenheit waren.

In dem Zusammenhang soll auf weitere Eheschließungen zwischen Habsburgerinnen und polnischen Königen hingewiesen werden, deren Nachkommen den Habsburger Typus voll zur Blüte brachten. Die Töchter *Karls II.* von Innerösterreich, einem Bruder Kaiser *Maximilians II.*, *Anna* und *Konstanze*, heirateten *Sigismund III.* Wasa von Polen. Der aus der ersten Ehe einzig überlebende Sohn, der spätere König *Władisław IV.*, hatte eine ausgeprägte Progenie, ebenso die Kinder aus *Sigismunds* zweiter Ehe mit einer Habsburgerin: König *Johann II. Kasimir*, Bischof

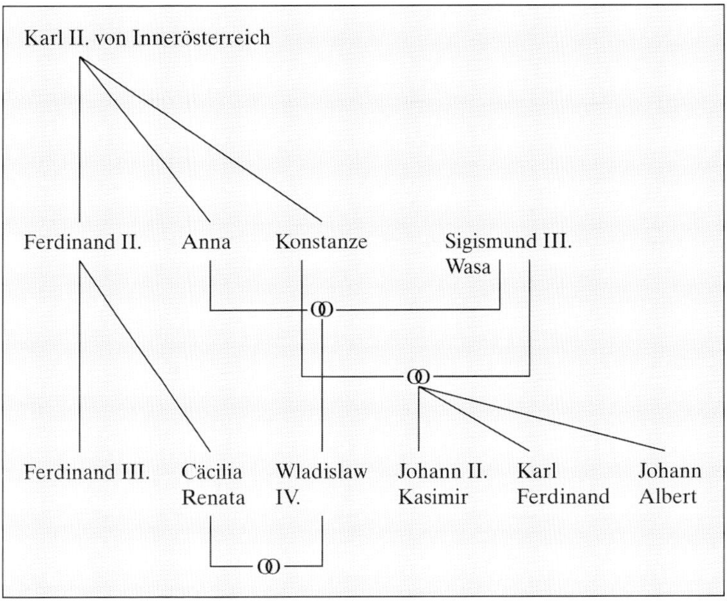

Tafel 4 Eheliche Bindungen zwischen Habsburgerinnen und der polnischen Krone

Karl Ferdinand und Kardinal *Johann Albert*. *Władisław IV.* heiratete wiederum eine Habsburgerin, *Cäcilia Renata*, eine Tochter Kaiser *Ferdinands II.* (Tafel 4).

Schon ungleich früher gab es eine familiäre Bindung zwischen den Habsburgerinnen und einem Jagiellonen: 1454 heiratete König *Kasimir IV.* Jagiellonczyk von Polen *Elisabeth*, eine Tochter König *Albrechts II.* Dieser Ehe entstammte eine Reihe von Kindern, deren Äußeres durchaus habsburgisches Genre verriet. Interessant ist in diesem Zusammenhang eine Beobachtung, die Gajda 1986 mitteilte. Danach wurden nach Öffnung der Gräber in der Heiligen-Kreuz-Kapelle in der Wawel-Kathedrale in Krakau die Schädel von Königin *Elisabeth* und König *Kasimir IV.* untersucht, und man fand zur allgemeinen Überraschung, daß *Elisabeth* einen völlig normalen Überbiß gehabt hatte, *Kasimir* dagegen eine progene Verzahnung. Das stützt nach Meinung Gajdas die Hypothese, daß nur die leopoldinische Habsburger Linie den Familientypus aufwies, und die albertinische, aus der *Elisabeth* stammte, dagegen merkmalsfrei war.

Ferdinando II. von Medici

Leopoldo von Medici

Cosimo III. von Medici

Władisław IV. König von Polen

Die Funde im Wawel sind nicht zu widerlegen, aber sie sind auch kein Beweis dafür, daß die Albertiner sich schadlos halten konnten. An *Albrecht IV.* das Weltwunder und König *Albrecht II.* würde ich mit Vorsicht herangehen – aus meiner Sicht waren auch sie progen. Wenn *Elisabeth* phänotypisch aus der Art schlug, dann sagt das ja noch lange nichts über ihren Genotypus und schon gar nichts über die Herkunft des Typus bei ihren Nachkommen.

Władisław II. und *Sigismund I.*, Söhne *Kasimirs IV.* und *Elisabeths*, hatten auf jeden Fall eine wulstige Unterlippe, welchen Ursprungs sie auch immer gewesen sein mag.

Noch enger als mit Polen war der verwandtschaftliche Konnex zwischen den Habsburgern und den Wittelsbachern, besonders im 16. und 17. Jahrhundert. Auch die Sachsen kamen in diesen Genuß, wenn auch 200 Jahre später und weniger markant im Aussehen.

Bei den Bourbonen sind die Verhältnisse zu verwirrend, als daß sie dem Leser zugemutet werden könnten. Gesagt sei soviel, daß die Habsburger, korrekt die Habsburgerinnen, auch hier ein gerüttelt Maß zur Physiognomie beigesteuert haben, wenn auch über den Umweg der habsburgisch-mediceeischen Blutmischung und den spanisch-habsburgischen Air.

Bei den Mediceern und Farnesen, deren eheliche Bindungen mit den Habsburgerinnen mehrfach nachzuweisen sind, stellten sich dieselben biologischen Konsequenzen bishin zur Kinderlosigkeit ein wie bei den spanischen Habsburgern.

Die spanischen Habsburger starben im Jahre 1700 aus, das Geschlecht der Farnesen erlosch 1731, die Mediceer folgten 1737.

Wer hat „Schuld“?

Immer wieder hat es Mutmaßungen über den Ursprung des Habsburger Familientypus gegeben. Dabei sind ganz merkwürdige Hypothesen aufgestellt und auch ernsthaft diskutiert worden. Man kann sich angesichts solcher Versuche des Eindrucks nicht erwehren, daß die Verfasser die „schiefen Goschen“ der Habsburger als einen Makel empfanden, den sie gern von dem Herrschergeschlecht abwischen wollten. Und so versuchte man, um das Haus Habsburg „reinzuwaschen", anderen den „schwarzen Peter zuzuschieben". Natürlich kann ein solcher Typus auch eine Eigentümlichkeit anderer Familien gewesen sein, so daß es mehrere Adressen zu berücksichtigen galt.

Sollte sich ein „Schuldiger" finden lassen, so erhebt sich aufs Neue die Frage nach dem Ursprung des Merkmals, allerdings dann für eine andere Familie. Den Habsburgern mag damit gedient sein – vielleicht mehr ihren Biographen als den Betroffenen selbst –, das Problem aber bleibt ungelöst, es wird lediglich ein Haus weitergegeben.

Mir drängt sich zunächst der Gedanke auf, daß dieses konstitutionelle Merkmal auch eine Eigentümlichkeit der Habsburger selbst gewesen sein könnte. Es ist verwunderlich, daß dieser Aspekt oft stillschweigend übergangen wurde und nahezu ein Zwang bestand, den habsburgischen Gesichtstypus anderswo entlehnen zu müssen, obwohl er auch genuin sein könnte.

Wenn man auf die Frage nach dem möglichen Ursprung der Anomalie eine Antwort finden will, so darf nicht allein der Versuch unternommen werden, den Typus aus der Verbindung mit anderen Herrscherhäusern herzuleiten, sondern es gilt gleichermaßen zu prüfen, inwieweit die Habsburger ihr Merkmal an andere Dynastien, die bis dahin merkmalsfrei waren, durch familiäre Verbindung weitergaben.

Die meisten aufgestellten Hypothesen halten aus mehreren Gründen einer Prüfung schwer stand. Dabei verwundert besonders, daß auch in genealogischer Beziehung die zu erwartende Korrektheit gelegentlich vermißt wird.

Das größte Problem, worauf mehrfach hingewiesen wurde, bleibt der eigentliche Untersuchungsgegenstand selbst, nämlich die bildliche Darstellung, auf die sich alle Aussagen gründen und deren Interpretation um so schwieriger wird, je älter die Darstellung ist. Neben einer noch unvollkommen entwickelten Porträtkunst vor dem 15. Jahrhundert müssen die Individualität und Subjektivität der Künstler ebenso in Rechnung gestellt werden, wie der jeweilige Zeitgeschmack. Alle Interpretationen und Deutungsversuche stützen sich letztlich auf bildliche Darstellungen, die nur bedingt Aussagen und Rückschlüsse zulassen, da exakte

Messungen und Vergleiche entfallen. Es wurde retuschiert und geschmeichelt und auf Kosten der Ähnlichkeit idealisiert. Bei *Tizian*, der *Karl V.* porträtierte, wird das ganz deutlich. Graf *Zichy* meinte, daß die Porträts des 16. Jahrhunderts scharf gezeichnet und realistisch gehalten seien, im 17. Jahrhundert wurde idealisiert, im 18. Jahrhundert geradezu geschmeichelt.

Idealisierte, allegorische und historisierende Gemälde, Zeichnungen, Stiche, Medaillen und Plastiken mußten oft fehlgedeutet werden. Fundierter werden die Aussagen dort, wo neben bildlichen Darstellungen urkundliche Zeugnisse vorhanden sind, sofern ihre Glaubwürdigkeit nicht in Zweifel gezogen werden muß.

Diese mildernden Umstände müssen jedem eingeräumt werden, der sich mit dem Habsburger Typus und seiner Herkunft wissenschaftlich auseinandergesetzt hat, sie müssen auch bei der eigenen Betrachtung Nachsicht üben.

Endlich soll der Versuch unternommen werden, in diesen keineswegs uninteressanten Meinungsstreit ein wenig Ordnung zu bringen.

Es ist durchaus bemerkenswert, daß viele Habsburger mit Partnern verheiratet waren, in deren Familien die Merkmale Progenie und „Lippigkeit“ – man möge mir dieses philologische Monstrum nachsehen, aber ich greife es nur auf – allem Anschein nach ebenfalls vorgelegen haben, egal wie unterschiedlich die Merkmalsausprägung auch gewesen sein mag. Dabei gilt es zu berücksichtigen, daß ein prominentes Kinn auch Ausdruck einer kraftvollen Herrschernatur war, so daß die Künstler oftmals absichtlich dieses Merkmal betont haben könnten, um ihren Landesherren zu schmeicheln. Natürlich gilt das auch für die Habsburger.

Die in älteren Arbeiten immer wieder vorgenommene Trennung von Progenie und „Lippigkeit“ – man sollte besser von einer positiven Lippentreppe sprechen – ist nicht gerechtfertigt, da eine wulstige Unterlippe auch eine Folge und Begleiterscheinung eines skelettal überentwickelten Unterkiefers sein kann. Bei der vorliegenden Betrachtungsweise wird diese Differenzierung vernachlässigt. Wer progen ist, ist zumeist auch „lippig“, wobei nicht jeder mit einer positiven Lippentreppe progen sein muß.

Wer hat nun den so markanten Habsburger Familientypus begründet? Allgemein gesagt, war es halb Europa, es ging vom Baltikum bis zu den Pyrenäen, von Litauen bis Portugal. Direkt angesprochen sind die Tiroler, Portugiesen, Spanier, Burgunder und die Polen, die es sogar doppelt trifft.

Um chronologisch vorzugehen, soll mit *Margarete Maultasch* (1318–1369) – sie war die letzte Herzogin von Tirol – begonnen werden.

Margarete Maultasch als Stammutter des Habsburger Familientypus hochstilisieren zu wollen, ist zu viel der fragwürdigen Ehre. Zwar fiel Tirol 1363 durch Vertrag an *Rudolf IV.* von Habsburg – aber das war auch schon alles, eine familiäre Verbindung zwischen *Margarete* und einem Habsburger hat es nie gegeben.

Sie selbst, die letzte Herzogin von Tirol, soll nach allen Beschreibungen progen und überhaupt ziemlich unansehnlich gewesen sein – aber so etwas kommt immer vor.

Gewiß hatte sie auch äußerlich Ähnlichkeiten mit den späteren Habsburgern. Aber was besagt das schon? *Margarete Maultasch* ist, wie immer sie ausgesehen haben mag, diesbezüglich wohl doch ein Opfer des Klatsches der Geschichte. Mit ihrer angeblichen Unansehnlichkeit könnte sicher manch andere Persönlichkeit der Geschichte standhalten, der das nicht nachgesagt wird. Den Hinweis auf *Karl V.* und auch auf *Leopold I.* möge man mir nachsehen – aber ganz von ungefähr ist er schließlich nicht.

Das Schicksal von *Margarete Maultasch* ist beklagenswert, denn sie verlor nicht nur ihre beiden Töchter durch die Pest, sondern auch ihr einziger Sohn *Meinhard* verließ vor ihr diese Welt. Doch bevor das eintrat, kam es wirklich zu einer Verbindung mit dem Hause Habsburg, nicht um *Margaretes* oder *Meinhards* Willen, sondern wegen Tirols. *Albrecht dem Weisen* von Habsburg, der Tirol nie aus den Augen verloren hatte, auch wenn es zunächst den Luxemburgern, dann den Wittelsbachern sicher schien, gelang es, seine Tochter *Margarete* mit dem Tiroler Erben *Meinhard* zu verheiraten. Ein *Margarete Maultasch* abgenötigtes Testament verfügte, daß Tirol für den Fall, daß sie, ihr Mann, der Markgraf *Ludwig* oder Sohn *Meinhard* ohne Erben das Zeitliche segnen würden, an Österreich falle. Der von der *Maultasch* unterschriebene Vertrag ging für Habsburg voll auf: Der Herr Gemahl wurde – nicht zuletzt auf Betreiben seiner Ehefrau – getötet, Sohn *Meinhard* fiel kinderlos 1363, genau sechs Jahre vor dem Tod seiner

Mutter, einem Anschlag des Tiroler Landeshofmeisters von Frauenburg zum Opfer, und das Land Tirol fiel an *Rudolf IV.* von Habsburg, und das hatte Bestand.

Margarete Maultasch kann zwar konstitutionell den Habsburgern ähnlich gewesen sein – das einzig Verbindende aber war ein Vertrag, nach dem sie Tirol Österreich übergeben mußte. Das war alles. Durch einen Vertrag aber läßt sich schwerlich ein konstitutionelles Merkmal vererben. Es bedarf keines weiteren Kommentars, daß alles, was in dieser Hinsicht dieser Frau nachgesagt wurde, Phantasie ist – mehr nicht. Wer immer *Margarete Maultasch* gewesen sein mag – Stammutter des Habsburger Familientypus jedenfalls war sie nicht.

Interessanter dagegen ist, daß *Rudolf IV.* dem Stifter, dem sie ihr Land abtreten mußte, nachgesagt wird, daß er eine Hakennase und eine starke Unterlippe gehabt haben soll. Diesen Hinweis, ob er nun stimmt oder nicht, sollte man nicht außer acht lassen – er läßt eher aufhorchen als jegliche Spekulation über die *Maultasch*.

Nach einer anderen Version geht der Habsburger Familientypus auf eine *Cymburga* von Masowien zurück. Diese Frau ist auf jeden Fall interessanter für uns als die *Maultasch*, weil sie mit einem Habsburger verheiratet war.

Cymburga von Masowien wurde zwischen 1394 und 1397 in Warschau als Tochter des Fürsten *Ziemowit IV.* von Płock geboren, der der masowischen Nebenlinie des polnischen Königshauses der Piasten angehörte. Ihre Mutter *Alexandra* war eine Schwester des litauischen Großfürsten und polnischen Königs *Jagiello*. *Cymburgas* Ahnentafel läßt sich über fünf Generationen bis zu *Ziemowit I.* mühelos zurückverfolgen – aber auch hier wird der Mangel an Bildmaterial offenkundig, das zur eindeutigen Beantwortung unserer Frage aber unerläßlich ist.

Cymburga heiratete 1412 den Herzog *Ernst den Eisernen* von Habsburg – ihr gemeinsamer Sohn, der spätere Kaiser *Friedrich III.*, hatte eine ausgeprägte Progenie – darüber gibt es keinen Zweifel.

Was nun *Cymburga* selbst betrifft, so kommen wir hinsichtlich ihres Aussehens in Verlegenheit, da nicht ein einziges authentisches Bild von ihr existiert. Eine Bronzefigur in der Hofkirche zu Innsbruck ist idealisiert und hilft nicht weiter.

Daß sie dennoch als Stammutter aller Habsburger der Neuzeit beschrieben wurde, geht wohl auch auf einen 1555 von *Johann Jakob Fugger* im „Spiegel der Ehren des Erzhauses Österreich" niedergelegten Bericht zurück, den *Siegmund von Birken* 1662 in Nürnberg in Druck gab. Nach *Fuggers* Aufzeichnungen sei *Cymburga* von außergewöhnlicher Größe, Kraft und Stärke gewesen, und er fügte hinzu: „Auch soll die starke Unterlippe durch sie in die Familie gekommen sein." Diese Bemerkung läßt natürlich aufhorchen – aber besagt sie wirklich etwas?

Eine ungewöhnliche Kraft wird dieser Frau allgemein nachgesagt. Normal ist das ja keineswegs, daß eine Frau mit bloßer Hand Nägel einschlägt, Hufeisen zerbricht und Nüsse mit ihren Fingern aufknackt.

Zur Ausführung solcher schaustellerischen Kraftmeiereien, wenn sie denn überhaupt stimmen, bedarf es natürlich keiner Progenie, und es ist mehr als fragwürdig, das Vorliegen dieser Anomalie von einem Bericht ableiten zu wollen, der 126 Jahre nach *Cymburgas* Tod niedergelegt wurde.

Solange keinerlei Bildnisse nach dem Leben eine Nachprüfung gestatten und sich außer der schwer zu beweisenden Richtigkeit der Beschreibung des Herrn *Fugger* keine weiteren Quellen erschließen lassen, bleibt *Cymburga* im Dunkeln und scheidet als Stammutter aus, selbst wenn die Tradition, womöglich im Hause Habsburg selbst, ihr diesen Platz einräumt.

Unsicherheit kommt auf, wenn man sich über *Cymburgas* Mann, *Ernst den Eisernen*, ein Urteil bilden möchte. Nach einer sicher authentischen bildlichen Darstellung könnte er Progeniker gewesen sein – jedoch nach anderen, allerdings weniger glaubhaften wieder nicht.

Aber da gibt es vier weitere aszendente Habsburger, die schon typisch gewesen sein könnten: da ist *Rudolf IV.* der Stifter, der neben seiner Hakennase eine auffallend wulstige Unterlippe gehabt haben soll, und sicher ist es nicht abwegig, auch bei den Königen *Albrecht I.* und *Albrecht II.* dieses Merkmal schon zu vermuten. Auch *Friedel* mit der leeren Tasche (Herzog *Friedrich IV.*), ein Onkel Kaiser *Friedrichs III.*, war suspekt.

Schließlich gibt es Hinweise darauf, daß schon *Rudolf I.* von

Habsburg eine positive Lippentreppe gehabt haben soll – aber das ist fragwürdig und basiert auf sehr unzuverlässigen Darstellungen wie Bronzefiguren, einer Grabplatte im Dom zu Speyer und historisierenden Bildern, die viel jüngeren Datums sind.

Wenn die vier älteren Habsburger möglicherweise vage Progeniker waren, so sollten wir sie bei unseren Betrachtungen nicht mehr aus den Augen verlieren. Ich bin überzeugt, daß der Familientypus schon zu dieser Zeit im Mannesstamm der Habsburger übertragen wurde. Betrachtet man die Aszendentenreihe von *Friedrich III.* über *Ernst den Eisernen* bis hin zu *Albrecht I.*, so wird deutlich, daß die Progenie schon früh Erbgut der Habsburger selbst war, auch wenn später, von welcher Seite auch immer, gewisse Anlagen verstärkend hinzugekommen sein können.

Der masowische Import war aus diesem Grund nicht notwendig, die männlichen Habsburger lebten zu dieser Zeit schon im Überfluß.

Der Franzose *Galippe* hat trotz mancher Irrtümer in genealogischer Beziehung einen neuen und womöglich diskutablen Gesichtspunkt über die Herkunft der Habsburger Progenie angeführt. Er verglich nicht allein Bildmaterial, sondern machte auf eine äußerst interessante Stelle in Brantômes „Mémoires“ aufmerksam, die aus dem 16. Jahrhundert stammen und demzufolge als Zeitzeugnis gesehen werden können. Um *Galippes* Aussage vorwegzunehmen: für ihn traf es die Burgunder. Seine Ansicht gründete *Galippe* auf einen Auszug aus den genannten „Memoiren“, wo nachzulesen ist: „. . . wie ich es habe von einer Dame des Hofes aus jener Zeit erzählen hören, daß einmal die Königin *Eleonore* (Schwester Kaiser *Karls V.*), auf der Durchreise durch Dijon ihre Andachten im dortigen Kartäuserkloster verrichten ging. Bei dieser Gelegenheit besuchte sie auch die verehrungswürdigen Grabstätten ihrer Vorfahren, der Herzöge von Burgund, und begehrte, sie öffnen zu lassen, wie es ja auch mehrere Könige mit den Grabstätten ihrer Ahnen gemacht haben. Sie fand einzelne davon so wohl und ganz erhalten, daß sie die Formen genau erkennen konnte, darunter auch die Mundform ihres Angesichts. Worauf sie plötzlich ausrief: ‚Ha! Ich glaubte, daß wir unsere Mundform von den Österreichern hätten, aber, wie ich sehe, haben wir sie von *Marie* von Burgund, unserer Ahnfrau und den anderen Burgundischen Herzögen, unseren Ahnen. Wenn ich den Kaiser, meinen Bruder, wiedersehe, werde ich ihm das erzählen, auch werde ich es ihm mitteilen' ...".

Liegt hier womöglich ein glaubwürdiges zeitgenössisches Zeugnis vor? Ich meine, mit großem Vorbehalt. *Maria* von Burgund war die Gemahlin Kaiser *Maximilians I.* und käme, falls sie und ihre Vorfahren überhaupt etwas beizusteuern hätten, von daher als mögliche Stammutter des Merkmals in Frage. Nach dem Gemälde von *Hans Memling*, das *Maria* als Heilige Katharina zeigt, hatte die Burgunderin eine volle Unterlippe, aber eben auch eine volle Oberlippe. Progen war sie jedenfalls nicht, auch andere Gemälde zeigen eine völlig harmonische Mundform, und es ist einfach abwegig, hier eine Progenie hineindeuten zu wollen.

Aufschlußreicher könnte die Beurteilung der Gemälde weiterer burgundischer Vorfahren sein. Aber weder Herzog *Karl der Kühne, Marias* Vater, noch *Philipp der Gütige* oder die weiteren aszendenten Burgunder Herzöge wie *Johann Ohnefurcht* und *Philipp der Kühne* waren progen. Im Statutenbuch des Ordens vom Goldenen Vlies hat der Begründer desselben, Herzog *Philipp der Gütige*, fast schmale Lippen.

Die Burgunder waren unauffällig, sie waren bestenfalls mit großen Nasen gesegnet, ihre Mundpartie aber war in Ordnung, wohl auch bei *Philipp dem Kühnen*, dessen mögliche Zahnlosigkeit im Alter bestenfalls eine Progenie vortäuscht.

Das gesamte vorhandene Bildmaterial läßt kaum eine Deutung anderer Art zu, auch wenn die Öffnung der Familiengruft, falls *Brantômes* oft sehr freie und unzuverlässige Schilderungen diesbezüglich überhaupt ernst zu nehmen sind, einen anderen Eindruck wiedergab. Wenn *Haecker* und viele andere meinten, daß das Habsburger Merkmal durch die Burgunder verursacht, zumindest aber wesentlich verstärkt worden sei, so sprechen doch viele Argumente dagegen. Einmal sind es die bildlichen Darstellungen, dann aber war der Typus bei den Habsburgern um diese Zeit ja längst zu Hause. *Marias* Gemahl, Kaiser *Maximilian I.*, und ihr Schwiegervater, Kaiser *Friedrich III.*, waren ausgesprochen progen, ganz abgesehen von möglichen weiteren aszendenten habsburgischen Merkmalsträgern, die ich schon nannte. Burgund entfällt als Mutterhaus, *Maria* selbst als Stammutter. Nicht zu

Cymburga von Masowien, Gemahlin Ernsts des Eisernen – hat sie den Habsburger Familientypus begründet?

Maria von Burgund, erste Gemahlin Kaiser Maximilians I. – verdanken die Habsburger ihr die Progenie?

Herzog Karl der Kühne von Burgund, der Vater Marias

leugnen ist, daß durch die Verheiratung mit *Maria* von Burgund eine Mitgift ganz anderer Art an das Haus Habsburg gekommen war, nämlich ein gewaltiger Reichtum und Land, die feine niederländische Kultur, die Hofetikette und nicht zuletzt das Goldene Vlies.

Wenn es die Burgunder nicht sein konnten, dann waren es vielleicht die Portugiesen, so die Ansicht Graf *Zichys*, die er aber nur als bescheidene Hypothese verstanden wissen will. Zwei portugiesische Urgroßmütter Kaiser *Karls V.* sind nicht zu leugnen, ganz abgesehen davon, daß seine Gemahlin eine *Isabella* von Portugal war.

Eleonore von Portugal, *Karls* „deutsche" Urgroßmutter, war zwar die Gemahlin Kaiser *Friedrichs III.*, aber progen war sie nicht.

Über *Isabella*, seine andere portugiesische Urgroßmutter, Gemahlin des Königs *Johann II.* von Kastilien und Leon, müssen wir uns gegenwärtig noch jedes Urteils enthalten.

Karl V. führte – wie angemerkt – ebenfalls eine *Isabella* von Portugal heim. Von ihr gibt es eine Fülle von bildlichem Beweismaterial, allerdings gegen eine Progenie. Ihr Antlitz war ebenmäßig, und auch wenn sich eine Zeichnung mit einem Schmollmund unter den Bildern von ihr findet, dann erhöht das allenfalls die Freude des Betrachters, mehr nicht. Die Portugiesen waren es ebenfalls nicht und scheiden damit aus unserer weiteren Betrachtung aus.

Als diese Prinzessinnen den Österreichern vermählt wurden, waren die Habsburger längst mit ihrem Markenzeichen versehen, und es bedurfte keiner Erbschaft von außen mehr. Kaiser *Friedrich III.*, *Eleonores* Mann, hatte eine exzessive Progenie, und von seinen weiteren aszendenten Vorfahren wird es zumindest vermutet.

Über *Karl V.*, Gemahl der letzten portugiesischen *Isabella*, braucht kaum noch ein Wort verloren zu werden: er war der habsburgische Prototyp und konnte schon sicher auf drei Generationen von stattlichen Merkmalsträgern verweisen.

Spätestens seit dieser Zeit bedurfte es keinerlei Anstrengungen mehr, nach Stammüttern im übrigen Europa zu suchen – im Grunde war das seit Kaiser *Friedrich III.* nicht mehr nötig, wahrscheinlich nie.

Um so mehr nimmt es wunder, daß den bisher beschriebenen

Hypothesen noch eine weitere an die Seite gestellt wurde, die man als die jüngste bezeichnen kann. Nach ihr war es wiederum eine Polin, *Anna Jagiello* oder *Anna* von Böhmen und Ungarn, die den Habsburger Familientypus begründet haben soll. Und so findet man auch gelegentlich die Bezeichnung „Jagellonenlippe“. *Anna* von Ungarn war die Gemahlin Kaiser *Ferdinands I.* Sie kam nicht mit leeren Händen, denn nach dem Tode ihres Vaters wurde ihr Mann König von Böhmen und Ungarn, aber mit einer Progenie kam sie nicht. Auf einem Gemälde sieht diese Frau martialisch aus, und auch ihr Unterkiefer scheint recht stattlich zu sein. Aber war sie deswegen progen?

Insgesamt ist die Jagellonen-Theorie natürlich nicht ernst zu nehmen, denn als *Anna Jagiello* für die Habsburger auf den Plan trat, stand das Familienmerkmal bei denen schon im Zenit.

Ganz lückenlos ist die Anzahl der in Verdacht geratenen Dynastien immer noch nicht, da erst ein Teil der Pyrenäenhalbinsel abgearbeitet wurde. In der spanischen Aszendenz soll *Ferdinand der Katholische* eine kräftige Unterlippe gehabt haben, und seine Tochter, *Johanna die Wahnsinnige*, Mutter *Karls V.*, die auf einem Triptychon im Museum von Brüssel dasselbe Merkmal erkennen läßt, hat nach der Meinung *Rubbrechts* durch ihre Verheiratung mit *Philipp dem Schönen* den Habsburger Typus begründet. Die Mehrzahl der Bilder von *Johanna* zeigt aber eine regelrechte und unauffällige Mundpartie. Nicht anders steht es um ihren Vater, *Ferdinand den Katholischen*. Es lohnt sich nicht, noch weiter auf die spanische Variante einzugehen. Sie ist ebenso haltlos wie alle anderen auch.

Bei den Habsburgern war das Merkmal um diese Zeit schon wesentlich ausgeprägter als bei all ihren spanischen, portugiesischen, burgundischen und polnischen Ehepartnern oder Ahnen. Wir finden die spezifische Mundform womöglich schon vor der „Habsburger Neuzeit“, die mit der Verbindung zwischen *Cymburga* von Masowien und *Ernst dem Eisernen* anzusetzen ist.

Unter allen Hypothesen kommen bestenfalls zwei in die engere Wahl: die erste polnische und die burgundische. Daß auch sie haltlos sind und warum sie abgelehnt werden müssen, habe ich versucht zu begründen.

Daß der Typus bei den weiblichen Familienmitgliedern umstrit-

Herzog Philipp der Gute von Burgund – er stiftete 1429 den Orden vom Goldenen Vlies

Herzog Johann Ohnefurcht von Burgund

Herzog Philipp der Kühne von Burgund

Isabella von Portugal, Gemahlin Kaiser Karls V.

Anna Königin von Böhmen und Ungarn, Gemahlin Kaiser Ferdinands I. – war diese jagiellonische Prinzessin mitbeteiligt an dem Habsburger Gesichtstypus?

Ferdinand II. der Katholische, König von Aragon – auch die Spanier gerieten in Verdacht

Johanna I. die Wahnsinnige, Königin von Kastilien – Tochter Ferdinands des Katholischen und Gemahlin Philipps des Schönen

ten ist, ist nach unseren Studien unverständlich. Daß die Verhältnisse bei ihnen völlig normal gewesen seien, ist ein schwerer Irrtum. Es gibt eine Reihe von Habsburger Prinzessinnen mit nachweisbarer wulstiger Unterlippe und Progenie, unter denen hier nur *Eleonore*, die Gemahlin des französischen Königs *Franz I.* und Schwester Kaiser *Karls V.*, vor allem dessen Tochter *Maria* von Österreich angeführt werden sollen.

Außer Frage steht dagegen, daß die habsburgischen Frauen das Merkmal in andere Dynastien Europas trugen, so nach Bayern, Sachsen, Lothringen, Frankreich und in die Häuser der Medici und Farnesen.

Wenn also immer wieder der Versuch unternommen wurde, den habsburgischen Familientypus aus anderen Herrscherhäusern herzuleiten – mit mehr als fragwürdigem Erfolg, wie wir gesehen haben –, so steht dagegen zweifelsfrei fest, daß die Habsburgerinnen ihr konstitutionelles Merkmal in andere Familien trugen, das heißt die Verhältnisse liegen genau umgekehrt.

Nach unseren Studien ist der charakteristische Familientypus schon früh ein abgeschlossener Eigenschaftskomplex der Habsburger selbst gewesen, der mit großer Wahrscheinlichkeit schon seit dem 13. Jahrhundert vorgelegen hat. Dabei ist es denkbar, daß sich dieser Typus durch die Verbindung mit anderen Dynastien, die über dasselbe Merkmal verfügt haben, ständig weiter stabilisiert hat.

Eines Imports aber bedurfte es nicht, kaum einer Merkmalsstabilisierung von außen, denn der Inzuchtgrad sorgte selbst dafür, daß der erbliche Gesichtstyp gelegentlich geradezu aufdringlich ausfiel.

2

In tormentis pinxit

Die Gicht der Hohenzollern

Geschichte der Gicht

Da aber Jesus einging zu Kapernaum, trat ein Hauptmann zu ihm, der bat ihn und sprach: Herr, mein Knecht liegt zu Hause, und ist gichtbrüchig, und hat große Qual.

Matthäus 8,5 und 6

Die Gicht ist seit alters her bekannt. Viele Persönlichkeiten, deren Namen in der Geschichte bis heute von Klang sind, waren gichtkrank oder sollen es gewesen sein. Dabei entsprach nicht alles, was als Gicht oder Podagra bezeichnet wurde, dieser Krankheit, wie wir sie heute verstehen. Es ist fraglich, ob es sich bei den Kranken, die Christus heilte, tatsächlich um Gichtbrüchige gehandelt hat, auch wenn die Heilkraft Jesu namentlich an Gichtbrüchigen dargestellt wird. Im Matthäusevangelium (4,24) heißt es dazu: „Und sein Gerücht erscholl in das ganze Syrienland. Und sie brachten zu ihm allerlei Kranke, mit mancherlei Seuchen und Qual behaftet, die Besessenen, die Mondsüchtigen und die Gichtbrüchigen; und er machte sie alle gesund."

Im 2. Buch Chronika (16,12 und 13) wird berichtet, daß König *Asa* im 39. Regierungsjahr an seinen Füßen erkrankte und zwei Jahre später starb: „Und Asa ward krank an seinen Füßen im neun und dreißigsten Jahr seines Königreichs, und seine Krankheit nahm sehr zu; und suchte auch in seiner Krankheit den Herrn nicht, sondern die Ärzte. Also entschlief Asa mit seinen Vätern, und starb im ein und vierzigsten Jahr seines Königreichs."

Im 1. Buch der Könige finden wir einen weiteren Hinweis auf *Asa*, der von 911–870 König von Juda war. Erwähnt werden *Asas* Wirken und seine Siege, aber auch, daß „er in seinem Alter an seinen Füßen krank (war)". Die Gicht wird hier nicht beim Namen genannt – man kann sie nur vermuten.

Priamos und *Odysseus*, den griechischen Heerführern im trojanischen Krieg, wurde ebenfalls eine Gicht nachgesagt; *Atticus* und *Agrippa* sollen ihrem Leben angeblich wegen der Gicht ein Ende gesetzt haben.

Die Reihe der Gichtiker, der legendären wie der historischen, füllt Seiten, so daß hier nur die bekanntesten, die noch wegen anderer Dinge in der Geschichte auf sich aufmerksam machten, ge-

Erasmus von Rotterdam

Willibald Pirckheimer

Martin Luther

Kaiser Karl V.

Albrecht von Wallenstein

Gottfried Wilhelm Freiherr von Leibniz

Immanuel Kant

Friedrich der Große

nannt werden sollen. Neben *Alexander* und *Karl dem Großen* gehörten auch *Erasmus* von Rotterdam, *Willibald Pirckheimer, Luther*, Kaiser *Karl V., Heinrich VIII., Calvin, Cromwell*, der schwedische Reichskanzler *Oxenstierna, Wallenstein, Newton, Leibniz, Kant* und *Friedrich der Große* zu dieser illustren Gesellschaft.

Interessant sind zwei Beobachtungen: einmal scheint die Krankheit nur Wohlhabende zu treffen, hauptsächlich die Schlemmer und Genießer unter ihnen, so daß die Ursachen der Gicht auf Auswüchse des Wohlstands zurückgeführt wurden. Andererseits fällt auf, daß Gichtiker überwiegend geistig hochstehende Menschen sind.

Thomas Sydenham, der englische Barockarzt und wissenschaftliche Erstbeschreiber der Krankheit, selbst schwer gichtkrank, meinte: „Dummköpfe hat die Gicht niemals getroffen."

Die Gicht hat also ein soziales Gesicht – zumindest hatte sie es – etwa nach dem Motto: Wer reich ist und zügellos lebt, den straft die Gicht.

Andererseits kann der Gichtkranke sich durchaus geehrt fühlen – wie man auch von der Ehre der Gicht gesprochen hat –, denn seine Krankheit ist letztlich zweifach geadelt, durch den „spiritus vini et animi".

Wenn von der Ehre der Gicht die Rede war, dann meinte man ihre Verehrung, denn aus mehreren Gründen konnte der Gichtkranke sich etwas zugute auf seine Krankheit halten. Die Gicht war ein Statussymbol, eine Art Berufskrankheit oder Gesellschaftsrisiko der oberen Zehntausend.

Man verehrte sie auch, weil sie als ersehnter Befreier von anderen Krankheiten willkommen war. Und nicht zuletzt war die Gicht doch ein beredtes Zeugnis und sichtbares Zeichen von Klugheit, da offenbar eine Korrelation zwischen dieser Krankheit und der Intelligenz des Betroffenen bestand. Nach wissenschaftlichen Untersuchungen scheint tatsächlich eine positive Korrelation zwischen dem Harnsäuregehalt und dem Intelligenzquotienten zu bestehen, so daß man die Gicht auch als Gelehrtenkrankheit apostrophieren könnte. Sucht man nach Beispielen, so drängen sich solche förmlich auf, auch ohne bekannten Harnsäuregehalt, wie wir gesehen haben. Sydenham bemerkte selbstironisch: „Diese Krankheit greift nur wenige Narren an, außer mir."

Es nimmt also nicht wunder, daß man der Gicht mit Ehrfurcht und Respekt begegnete.

Im Zeitalter des Humanismus sah man in der Gicht eine gerechte Strafe des Himmels gegen alle Schlemmer und Genießer. Natürlich entsprach diese Betrachtungsweise auch den Wunschvorstellungen der Besitzlosen und Entrechteten, die in dieser Krankheit eine schon auf Erden einsetzende Gottesgerechtigkeit sehen wollten. Die Gicht war niemals eine Krankheit der niederen Stände, die hatten wegen ihrer naßkalten Wohnungen mit einem Gelenkrheumatismus vorlieb zu nehmen.

Die Gicht wurde auch zum Feld medizinisch-karikaturistischer Illustrationen nach dem Motto „Wer den Schaden hat, braucht für den Spott nicht zu sorgen“, wobei dem Betroffenen selbst wohl schwerlich ein Lächeln mit solchen Darstellungen abzuringen war. In diesen Karikaturen wurde die Gicht nie ganz ernst genommen. Die Kranken saßen oder lagen mit dicken Verbänden auf eigens gebauten Stühlen, in greifbarer Nähe Flaschen mit schweren Weinen, die gerade sie zu meiden hatten.

Die Gicht ist eine Wohlstandserkrankung, in alimentären Notzeiten sucht man vergebens nach ihr. Aber nicht alles, was wir im Leben ertragen müssen, ist selbst verschuldet, vieles ist Bürde, genetisches Erbe, gegen das der einzelne machtlos ist. Eine Vererbung ist umso wahrscheinlicher, je früher sich der erste Gichtanfall einstellt.

Thomas Sydenham

Der englische Arzt *Thomas Sydenham* (1624–1689), der mit dreißig Jahren seinen ersten Gichtanfall hatte und letztlich auch an den Folgen der Gicht starb, hat uns eine ausgezeichnete Beschreibung dieser Krankheit hinterlassen. Als er seine Abhandlung über die Gicht verfaßte, war er wegen seiner gichtigen Hände selbst nicht mehr in der Lage, sie niederzuschreiben – er mußte sie diktieren.

Da *Sydenhams* Schrift über die Gicht geradezu klassisch geworden ist, sind seine Beobachtungen und Erfahrungen heute noch

Gichtfuß – Karikatur

Gichtfuß – Karikatur

Gichtfuß – Karikatur von Wilhelm Busch

Gichtfuß – Karikatur

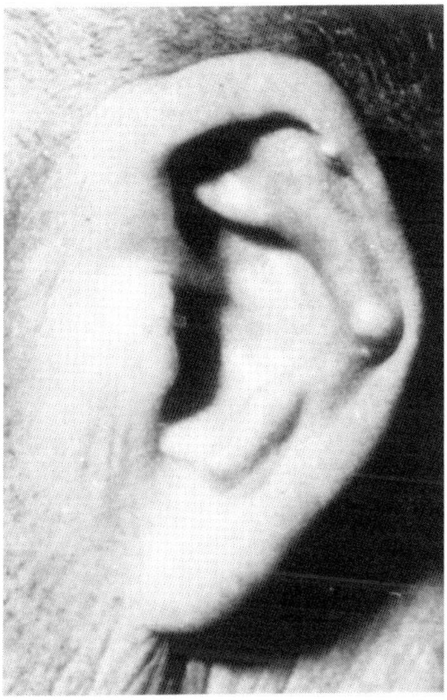

Gichtknoten (Tophi) am Ohr

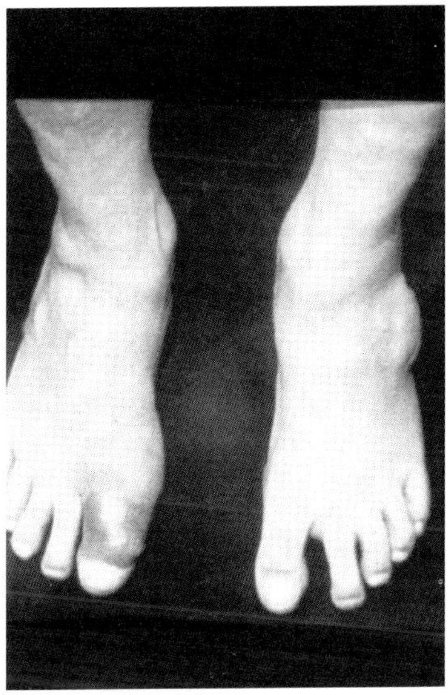

Großzehe nach Gichtanfall

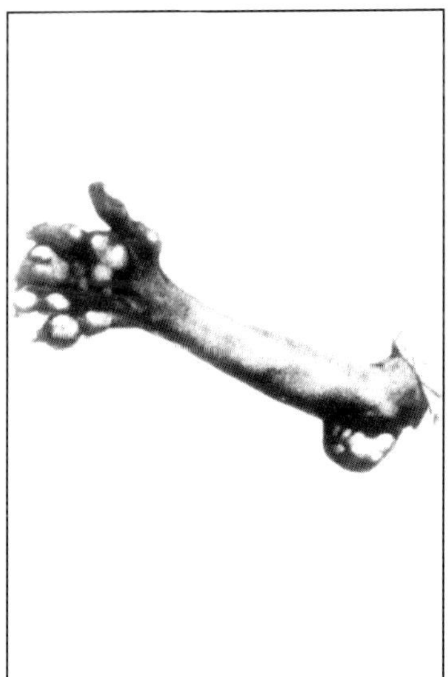

Gichthand und -arm (Lithographie)

wiedergebenswert, auch wenn sie schon vor 310 Jahren gemacht wurden.

Nach seiner Erfahrung, die Allgemeingültigkeit hat, befällt die Gicht hauptsächlich Menschen, die üppig leben und dem Alkohol kräftig zusprechen, die träge und unbeweglich geworden sind. Auch wenn sie allgemein erst im höheren Alter auftritt, kann die Gicht doch jüngere Menschen treffen, hauptsächlich erblich belastete. Auch nach dem plötzlichen Einstellen eines langen starken Alkoholgenusses kann ein Gichtanfall auftreten.

Gewöhnlich tritt ein Gichtanfall im Januar oder Februar im Schlaf nach Mitternacht mit unbeschreiblich starken Schmerzen, zumeist in der Großzehe, auf. Fieber und Schüttelfrost sind typische Begleiter. Der Schmerz, der von Stunde zu Stunde zunimmt und in seiner Qualität mit einem Hundebiß oder plötzlichem Bänderriß verglichen wird, muß grauenhaft sein. Die Bettdecke wird nicht ertragen, minimale Erschütterungen wie Schritte im Zimmer verschlimmern den Anfall. Alle Umlagerungsversuche bleiben ohne die gewünschte Schmerzlinderung. Nach 24 Stunden setzt ziemlich unvermittelt Schmerzfreiheit ein, endlich folgt der erlösende Schlaf, Zeh oder Fuß sind geschwollen. Am zweiten oder dritten Tag kommt es gegen Abend meist zur Wiederholung des Gichtanfalls, der aber in der Frühe beim Hahnenschrei wieder nachläßt. Nach einigen Tagen kann der Anfall auf den anderen Fuß übergreifen, er muß es nicht. Der Betroffene ist schwer krank. Unerträgliche Schmerzen reduzieren sein Allgemeinbefinden. Von der üblichen unnatürlichen Eßlust ist nichts geblieben. Der Kranke ist wie gelähmt, von Gehenkönnen ist keine Rede mehr, bestenfalls ist es ein Hinken. Das Stehen ohne fremde Hilfe ist schier unmöglich. Auch der Geist leidet im Anfall: alles ist dem Kranken zu viel, er wird regelrecht gemütskrank.

Die Wiederholung späterer Anfälle läßt Regelmäßigkeit eher vermissen. Regelmäßig ist nur, daß der Anfall nachts kommt und morgens geht. Nach einem besonders schweren Gichtanfall tritt der nächste zumeist ein Jahr später um dieselbe Jahreszeit auf.

Den Fuß bezeichnet *Sydenham* als das klassische Organ der Manifestation (Podagra). Hände, Ellbogen und Knie können nachziehen.

Zur Gicht gesellen sich im Laufe der Zeit vielerlei andere Symptome wie Hämorrhoiden, Verdauungsbeschwerden bis hin zu Nierenkoliken (Gichtniere).

Auch *Sydenham* schrieb, daß diese Krankheit Könige, hohe Würdenträger, Generäle, Philosophen und viele große Männer befalle, daß mehr Reichen als Armen und vor allem mehr Klugen als Dummen dieses Schicksal beschieden sei.

Auf die möglichen Ursachen der Gicht kommt *Sydenham* wiederholt zu sprechen. Ein lasterhaftes Leben, körperliche Trägheit und geistige Überarbeitung sind für ihn eine Gleitschiene zur Gicht. Allerdings gibt es auch Menschen mit einer Veranlagung für die Gicht, die sich meist durch einen starken Appetit auszeichnen.

Ursachen der Gicht

Um über die Ursachen der Gicht aus heutiger Sicht ein Wort zu verlieren, so kann zunächst festgestellt werden, daß die Gicht mittlerweile eine ziemlich gut aufgeklärte Stoffwechselkrankheit ist. Sie kann als klassisches Beispiel für das Zusammenwirken von Erbe und Umwelt, von familiärer Belastung und üppiger purinreicher Ernährung gelten.

Die Gicht ist abhängig von der Harnsäurekonzentration im Serum. Bei allen Gichtkranken ist sie erhöht, wobei ein erhöhter Harnsäurespiegel nicht zwangsläufig eine Gicht zur Folge haben muß. Viele Untersuchungen in Familien von Gichtkranken haben gezeigt, daß der Anteil an positiven Harnsäurebefunden bei weiteren Familienmitgliedern relativ hoch ist, an klinisch manifesten Gichtkranken dagegen gering.

Die erhöhte Harnsäurekonzentration – die sogenannte Hyperurikämie – wird offenbar vererbt, wobei man über den Erbgang selbst unterschiedlicher Meinung ist. Einerseits wird angenommen, daß die Überproduktion an Harnsäure oder die Ausscheidungsschwäche autosomal dominant, also nach den Mendelschen Gesetzen vererbt wird, andererseits werden zahlreiche Erbfaktoren vermutet, so daß auch ein multifaktorieller Vererbungsmodus vorliegen könnte.

Wie auch immer: fest steht, daß die erbliche Veranlagung den Hauptfaktor im Entstehungsmechanismus der Hyperurikämie bildet, deren Folge eine Gicht sein kann. Exogene Einflüsse wie Diätfehler, ein übermäßiger Alkoholgenuß, Bewegungsarmut und Übergewicht sind dabei von besonderer Bedeutung, da nicht zu leugnen ist, daß ein Gichtanfall durch diese Faktoren in seiner Auslösung beschleunigt werden kann.

Die Genetik der Gicht ist also die Genetik der Hyperurikämie. Die häufigste Ursache einer Hyperurikämie ist die erblich bedingte Störung im Mechanismus der Harnsäureausscheidung in Verbindung mit Wohlleben und Zügellosigkeit.

Die genetische Seite läßt sich natürlich nicht steuern, aber der Harnsäurestoffwechsel ist schon zu beeinflussen. Will man einer Gicht vorbeugen, so sollte man all die Dinge meiden und weglassen, die doch so viel Freude machen und auch so bequem sind. Da die menschlichen Schwächen oft stärker sind als alle guten Vorsätze und jede Vernunft, hat die Gicht in Zeiten des Wohlstands immer eine Chance. Hier liegt wohl auch der Schlüssel für unsere berühmten Gichtiker, die den Tafelfreuden und Bacchus ebenso schwer widerstehen konnten wie jeder andere auch und lieber die Gichtanfälle als notwendiges Übel hinnahmen.

Muß notgedrungen der Gürtel enger geschnürt werden, wie in den alimentären Notzeiten nach den beiden Weltkriegen, dann ist die Gicht eine Rarität. Das Zipperlein zwickt eben nur böse in guten Zeiten.

Auch ohne bekannten Harnsäurespiegel kann die Vererbung der Gicht gut an einem Herrschergeschlecht dargestellt werden. Unter den deutschen Regentenfamilien traf es die Hohenzollern, deren familiäre Häufung von Gichtkranken Vererbung nahelegt.

König *Friedrich Wilhelm I.*, ein gichtkranker Mann, verschaffte sich durch Malerei Ablenkung von seinen Schmerzen und versah seine Bilder mit dem Signum „In tormentis pinxit“ – in Schmerzen gemalt.

Hätten seine Vorgänger und Nachfolger seine künstlerische Neigung an der Staffelei geteilt, auch sie hätten ihre Gemälde mit diesem Signum versehen müssen.

Die Hohenzollern und die Gicht

In jüngster Zeit ist viel von den Hohenzollern die Rede gewesen. Die Heimkehr der Sarkophage *Friedrich Wilhelms I.* und *Friedrichs des Großen* nach langer Irrfahrt zurück nach Potsdam hat Preußen gedanklich und ideologisch wieder auf den Plan gerufen. Einige befürchteten eine Renaissance des Preußentums, das dann merkwürdigerweise nur mit Militarismus und Untertanengeist in Verbindung gebracht wird, anderen dagegen wäre ein „Schuß mehr Preußen" wegen seiner oft gerühmten Tugenden wie Pflichterfüllung, Ordnung und Toleranz sehr willkommen.

Durch Verzerrung oder Verdrängung läßt sich Geschichte nicht bewältigen. Das hat die traurige Wirklichkeit eines sozialistischen Teilstaates in Deutschland nach dem Zweiten Weltkrieg gezeigt. Kein Volk kann sich seine Geschichte aussuchen, und die deutsche Geschichte der letzten zweihundertfünfzig Jahre ist nun einmal mit der preußischen untrennbar verbunden.

Wenn *Friedrich der Große* und sein Vater heute wieder auf brandenburgischem Boden in Potsdam beigesetzt sind, dann haben sie hoffentlich das gute Erbe in ihre alten Stammlande mit zurückgebracht, das Allgemeingültigkeit hat und zeitlos ist, das heute wie damals gilt.

Die in diesen Tagen oft befürchtete Wiederkehr eines durchweg negativ apostrophierten „Geistes von Potsdam" wird durch die preußischen Tugenden selbst ad absurdum geführt. Der „Tag von Potsdam", der seinen Geist plakativ widerspiegeln sollte, war ein nationalsozialistisches Schauspiel, es war kein preußischer Geist. Und wenn der Handschlag zwischen *Hindenburg* und *Hitler* am Sarge *Friedrichs des Großen* in der Garnisonkirche von Potsdam auch die Vermählung zwischen preußischer Tradition und junger deutscher Kraft – wie es damals hieß – symbolisieren sollte, so besiegelte dieser Bund doch nichts als den endgültigen Untergang eines längst wehrlos gewordenen Preußen, das dem nationalsozialistischen Staat seine historische Legitimation geben sollte, um ihn gesellschaftsfähig zu machen.

Neben ihrer historischen und politischen Bedeutung sind die Hohenzollern für den Mediziner aber noch aus einem anderen Grunde von Interesse, denn einige brandenburgische Kurfürsten und preußische Könige waren gichtkrank. Diese familiäre Häufung läßt den Schluß zu, daß die Gicht eine Erbkrankheit der Hohenzollern gewesen ist. Darüber hinaus kann an einzelnen Regenten die Bedeutung des Zusammenwirkens von Erbe und Umwelt für die Entstehung von Gichtanfällen augenscheinlich gemacht werden, denn den irdischen Genüssen standen Kurfürsten wie Könige durch die Bank aufgeschlossen gegenüber, selbst so disziplinierte Herrscher wie *Friedrich der Große*. Aber ohne einen genetischen Hintergrund hätte das allein wenig bewirkt. Es bedurfte schon der erblichen Disposition, damit das von den meisten Hohenzollern-Herrschern gepflegte Wohlleben seinen sichtbaren und fühlbaren Niederschlag in Form von Gichtanfällen finden konnte.

Einige Angaben zur Gicht der Hohenzollern fand ich im Geheimen Staatsarchiv Preußischer Kulturbesitz in Merseburg. In den Quellen des Brandenburg-Preußischen Hausarchivs befinden sich unter anderem Schriftstücke über den Gesundheitszustand der einzelnen Kurfürsten, Könige und Kaiser. In zwei Akten der Gruppe Medizinalwesen und Apotheken der Allgemeinen Verwaltung sind Hinweise über abgeforderte Arzneien gegen Gicht bzw. Podagra enthalten, so daß indirekt über diese Angaben Rückschlüsse auf das Vorliegen der Krankheit gezogen werden können.

Auch diese Abhandlung soll nach Art eines biographischen Lexikons gebracht werden, da die nüchterne Aufzählung der gichtkranken Herrscher ohne Beziehung zu ihrem Leben und ihrer Zeit wenig Interesse wecken dürfte.

Wenn von den Hohenzollern auch heute noch einiges gewußt wird, so reduziert sich dieses Wissen doch meist auf einige wenige herausragende Vertreter, um nicht zu sagen auf *Friedrich den Großen*, bestenfalls noch auf seinen Vater, den „Soldatenkönig". Von daher ist es gerechtfertigt, auch andere, weniger bekannte brandenburgische Kurfürsten und preußische Könige der Vergessenheit zu entreißen, ihre Bedeutung oder Bedeutungslosigkeit zu erwähnen und die unterschiedliche Verarbeitung ihres Gichtleidens zu beleuchten, so weit das heute noch möglich ist.

Zunächst stelle ich zum besseren Verständnis eine historische Reminiszenz voran und beginne mit der Feststellung, daß die Hohenzollern vor Jahrhunderten aus dem süddeutschen Raum in die Mark Brandenburg kamen. Noch heute legt die Burg Hohenzollern bei Hechingen in Baden-Württemberg Zeugnis von der Herkunft dieses Herrschergeschlechts ab. Dieses „fremde“ Geschlecht wurde in den Nordosten Deutschlands verschlagen, machte aus dem Kurfürstentum Brandenburg Brandenburg-Preußen, schuf das Königreich Preußen und schließlich das Deutsche Kaiserreich. Eine phänomenale und merkwürdige Entwicklung zugleich, denn die spätere deutsche Geschichte bleibt unlösbar mit Preußen und den Hohenzollern verbunden.

Das Werden Preußens

Preußen entwickelte sich aus zwei Kolonisationen, aus der Staatsgründung des ehemaligen Deutschen Ritterordens, weit im Nord-Osten außerhalb der deutschen Reichsgrenze gelegen, und aus der Mark Brandenburg. Um diese räumlich weit voneinander getrennten Besiedlungen legten die Hohenzollern eine Klammer.

Kaiser *Sigismund* aus dem Hause Luxemburg belehnte im Jahre 1415 den schwäbischen Burggrafen *Friedrich VI.* von Hohenzollern mit der Mark Brandenburg, die nach dem Aussterben der dort ansässigen Askanier (deutsches Fürstengeschlecht) im Jahre 1320 als Lehen an die deutsche Kaiserkrone gefallen war. Am 18. April 1417 wurde *Friedrich VI.* in Konstanz die Kurfürstenwürde verliehen. Schon 1411 hatte ihn der Kaiser zum „vollmächtigen gemeinen Verweser und obristen Hauptmann“ für die Mark Brandenburg eingesetzt, die *Friedrich* 1412 erstmals betrat. Das herrenlose Land war mehr Bürde als Würde, es war verfallen und verkommen, ein reines Raubritterparadies. Der Souverän im Land war ein längst verwilderter, ungeschliffener und selbstherrlicher Adel, der jeden Eindringling abwehrte.

Allen voran waren es die Quitzows – bis heute spricht man von der „Quitzow-Zeit“, die von 1391 bis 1414 dauerte –, die Bredows, Putlitz's und Rochows, die es den Fremden zeigten, wer Herr im Hause Brandenburg war. Von einer Huldigung des neuen Souveräns konnte keine Rede sein. Gleich zu Beginn also waren die

Hohenzollern gezwungen, sich das ihnen vom Kaiser verliehene Recht des Landesherrn mit Waffengewalt einzuklagen. Und schon *Friedrich II.*, dem zweiten brandenburgischen Kurfürsten aus dem Hause Hohenzollern, gelang es, den Widerstand des einheimischen Adels zu brechen.

Die in anderen Häusern übliche Erbteilung des Landes unter mehrere Söhne wurde durch die testamentarische Verfügung des dritten brandenburgischen Kurfürsten, *Albrecht Achilles* (1470–1486), durch die nach ihm benannte Dispositio Achillae, verhindert, wonach die Marken auf den ältesten Sohn weitervererbt werden mußten.

Das Zeitalter der Reformation und des Protestantismus traf auf eine in Deutschland weit verzweigte Familie der Hohenzollern. Die Kulmbacher Linie im Süden war protestantisch geworden, und der letzte Hochmeister des Deutschen Ritterordens, ein *Albrecht* von Hohenzollern-Ansbach, wandelte den geistlichen Ordensstaat Preußen auf Vorschlag *Luthers* in ein weltliches Herzogtum um. Hier in Preußen, auf dem blutgetränkten Boden des Deutschen Ritterordens, der mit Kreuz und Schwert diesen Landstrich christianisierte und kolonisierte, entstand eine der beiden Säulen für das spätere Königreich Preußen, dem der ehemalige Ordensstaat seinen Namen gab.

Albrecht von Hohenzollern begründete 1526 die Dynastie des Herzogtums Preußen, das nach dem Thorner Frieden von 1466 unter polnischer Lehenshoheit stand.

Im Jahre 1618 fiel Preußen nach dem Tod seines letzten Herzogs, des geisteskranken *Albrecht Friedrich*, an die brandenburgischen Hohenzollern, wenn es auch noch unter polnischer Lehenshoheit verblieb. Kurfürst *Johann Sigismund* von Brandenburg hatte eine *Anna* von Preußen geheiratet, Tochter des letzten preußischen Herzogs und der *Marie Eleonore* von Jülich-Kleve-Berg. Aus dieser Heirat resultierten die Erbansprüche des Brandenburgers auf Preußen und auf den Länderkomplex am Niederrhein.

Johann Sigismund, von dem noch die Rede sein wird, zeigte heiratspolitisch Züge eines Habsburgers, denn immerhin stellte er mit dem Erbfall von Preußen sein Land auf zwei Beine und sicherte seinem Haus ein beachtliches Erbe im Westen.

Kurfürst *Joachim I.* von Brandenburg war wie sein orthodoxer

Bruder, der Erzbischof *Albrecht* von Magdeburg und Mainz, dem Katholizismus treu ergeben, und erst unter *Joachim II.*, seinem Sohn, wurde 1539 die Reformation in Brandenburg eingeführt; die brandenburgischen Hohenzollern wurden lutherisch, *Joachim II.* selbst erst nach dem Augsburger Religionsfrieden von 1555.

Von diesem Bekenntnis wandten sich die Hohenzollern jedoch bald wieder ab, und *Johann Sigismund* nahm 1613 den reformierten Glauben an, teils aus Überzeugung, mehr aber noch aus politisch-pragmatischen Erwägungen heraus, die mit seinen Erbansprüchen am Niederrhein und der Nähe der Niederlande, einer kalvinistischen Hochburg, zusammenhingen – für die Bevölkerung Brandenburg-Preußens, die durchweg lutherisch war, ein folgenschwerer und unglücklicher Schritt.

Das Werden Brandenburg-Preußens vollzog sich nun auf territorial unterschiedlichen, weit voneinander getrennten Ebenen. Die Entwicklung im einzelnen bis zur Verschmelzung zu einem einheitlichen Gebietskörper, bis zur politischen Vormachtstellung Preußens läßt sich am besten und verständlichsten an den Kurzbiographien seiner Kurfürsten und Könige darstellen, wobei Gesundheit und Krankheit, unter besonderer Beachtung der Gicht beleuchtet werden, so weit das nach den Quellen möglich ist.

Brandenburgs Kurfürsten: Von Friedrich I. bis Georg Wilhelm

Bei den älteren Kurfürsten gestaltete sich die Fahndung nach Krankheiten aus verständlichen Gründen schwierig. Auch in den Unterlagen des Geheimen Staatsarchivs Preußischer Kulturbesitz wurde nicht immer das gefunden, wonach wir suchten.

Dennoch hat bei einigen Kurfürsten die Gicht schon vorgelegen. Andere sind wegen ihrer Lebensweise und auch wegen ihrer Todesumstände hochgradig verdächtig. Die meisten starben an Brustwassersucht oder am Schlagfluß.

So werden die ersten Kurfürsten bewußt knapp abgehandelt, aber nicht allein der Vollständigkeit halber mit hineingenommen. Da immer auch neben den Krankheiten die historischen Verdien-

Burg Hohenzollern bei Hechingen

Albrecht von Hohenzollern-Ansbach – letzter Hochmeister des Deutschen Ritterordens und erster Herzog in Preußen

Friedrich I. (1417–1440) – der erste brandenburgische Kurfürst aus dem Hause Hohenzollern

ste der einzelnen Regenten genannt werden sollen, sind sie zur Abrundung des Gesamtbildes unerläßlich, ob gichtkrank oder nicht.

Friedrich I. (1371–1440)

1415 wurde der Burggraf *Friedrich VI.* von Hohenzollern von Kaiser *Sigismund* mit der Mark Brandenburg belehnt. Der Kaiser verband damit die Hoffnung, daß *Friedrich I.*, wie sich der erste Hohenzollern-Kurfürst nannte, Recht und Ordnung in dem rauhen und verwilderten Nordosten des Reichs schaffen würde. Schon 1417 übertrug *Friedrich* seinem ältesten Sohn *Johann* die Amtsgeschäfte der Kurmark, da ihn Reichsangelegenheiten ständig außer Landes riefen.

Der unumschränkt herrschende und total verwilderte einheimische Adel, der sich zudem noch kräftiger Rückendeckung durch die Pommernherzöge gewiß sein konnte, hatte sich dem Eindringling mit voller Breitseite entgegengestellt. Aber die Zeit des Raubrittertums und der Anarchie war abgelaufen. Gewaltsam klagte *Friedrich* sich sein Landesrecht ein, und mit Donnerbüchsen wie der sagenhaften „faulen Grete" wurden die Raubritterburgen der Quitzows, Rochows und der zu Putlitz' geschleift.

Der Kurfürst selbst spielte nichts als eine Gastrolle in Brandenburg. Zahlreiche Kriegszüge und diplomatische „Dienstreisen" in Reichsangelegenheiten fesselten ihn mehr als sein Kurfürstentum, das dabei dringend einer starken Hand bedurft hätte.

Am 21. September 1440 starb *Friedrich I.* auf der Cadolzburg bei Fürth in Franken, also fernab seiner Kurmark.

Friedrichs Verdienst bestand hauptsächlich darin, dem Widerstand des einheimischen Adels getrotzt zu haben, auch wenn er ihn nicht brechen konnte.

Über Krankheiten lassen sich keine zuverlässigen Aussagen treffen.

Friedrich II. der Eiserne (1413–1471)

Bedeutungsvoller für die Kurmark sollte Friedrichs zweiter Sohn und Nachfolger, *Friedrich II.*, werden, den man den „eisernen Kurfürsten" nannte.

Im Unterschied zu seinem Vater war er an der Reichspolitik desinteressiert. Ihn zog sein Kurfürstentum an, und im Kampf gegen den einheimischen Adel war er genauso erfolgreich wie gegen die städtische Autonomie. Nachdem er sich Zutritt zur Doppelstadt Berlin und Cölln verschafft hatte, ließ er dort am Spreeufer das erste Schloß aufführen, das er 1451 bezog. Damit war der Weg zur kurfürstlichen Residenz vorgezeichnet.

Von der späteren Toleranz in Preußen war man zu *Friedrichs II.* Zeiten noch weit entfernt. Willkürakte waren an der Tagesordnung, und immer traf es die Juden, die gefangengenommen und ihres Besitzes beraubt wurden. Aber den Hussiten ging es nicht viel anders, auch ihnen wurde der Prozeß gemacht.

In staatspolitischer Hinsicht war dieser Kurfürst keineswegs unbeweglich. Vom Deutschen Orden kaufte er die brandenburgische Neumark zurück, während ihm die Altmark und die Prignitz nach dem Tod seines Bruders, *Friedrichs des Fetten*, mehr oder weniger tatenlos in den Schoß fielen.

Aber ansonsten gelang ihm außenpolitisch fast nichts – er verlor die Lausitz an *Georg Podiebrad* von Böhmen und konnte seine Erbansprüche an der Ostseeküste nach dem Tod des letzten Herzogs von Pommern-Stettin nicht durchsetzen.

Diese Niederlagen und Fehlschläge sollen ihn gemütskrank gemacht haben, und so trat er seinem Bruder *Albrecht Achilles* gegen ein Jahrgeld 1470 die Regierungsgeschäfte in der Mark ab. Schon ein Jahr später starb *Friedrich II.* auf der Plassenburg bei Kulmbach, ebenfalls in Franken.

Über weitere Krankheiten wurde in den Archivakten nichts gefunden.

Albrecht Achilles (1414–1486)

Albrecht Achilles war ein glänzender Reichsfürst und die herausragende Persönlichkeit unter den ersten brandenburgischen Kurfürsten. Seine Kriegszüge und Turniere brachten ihm den Beinamen *Achilles* ein, weil sein Mut und seine Streitlust dem Helden der Ilias glichen, der nur an der Ferse verletzbar war.

In seinen Kämpfen gegen die Ungarn, Schlesier und Pommern erwarb *Albrecht* die Gebiete von Krossen und Züllichau, und die Pommern waren gezwungen, den brandenburgischen Kurfürsten als Lehensherrn anzuerkennen.

Bedeutungsvoll für die brandenburgischen Hohenzollern wurde die von *Albrecht Achilles* verfügte Erbschaftsordnung, die schon erwähnte Dispositio Achillae, nach der die Primogenitur (Erbfolge des Erstgeborenen) und die Unteilbarkeit der Mark Brandenburg durch Hausgesetz festgeschrieben wurde. Daneben hatte es nur noch die beiden Hohenzollernlinien Ansbach und Bayreuth zu geben.

Wie *Friedrich I.* hielt sich auch *Albrecht Achilles* nur wenig in der Kurmark auf, deren Regentschaft er 1476 seinem ältesten Sohn *Johann* überließ. Allerdings überwachte er mit Argusaugen aus der Ferne seinen Sohn, zumal er um dessen Verschwendungssucht wußte.

Während *Albrecht Achilles* von seinem Bruder nicht nur den Kurfürstenhut, sondern auch ein stattliches Schuldenkonto übernommen hatte, konnte er seinem Sohn ein hypothekenfreies Erbe übergeben.

Nach 1479 hatte der Kurfürst die Mark Brandenburg wegen seines schweren Gichtleidens nicht mehr aufsuchen können. Er starb am 11. März 1486 in Frankfurt am Main, wo er sich um die Königswahl von *Maximilian* nicht geringe Verdienste erwarb.

Albrecht Achilles war der dritte brandenburgische Hohenzoller, der außerhalb seines Landes beigesetzt werden mußte. Zugleich ist er der erste Kurfürst, der nachweislich gichtkrank war.

Johann Cicero (1455–1499)

Unter *Johann Cicero* wurde Berlin-Cölln zur ständigen Residenzstadt.

Er war der erste Brandenburger Hohenzoller, der sich überwiegend in den Marken aufhielt und im Unterschied zu seinen Vorgängern auch dort beigesetzt wurde.

Johann Cicero war ein gebildeter Mann. Seine Redegewandtheit und seine perfekten Kenntnisse der lateinischen Sprache trugen ihm den Beinamen *Cicero* ein, da seine Beredsamkeit an den bekannten Römer erinnerte.

Der Kurfürst versuchte, die Verwaltung und das Finanzwesen der Kurmark zu ordnen, aber seine eigene Verschwendungssucht stand seinem haushälterischen Vorhaben hinderlich im Wege.

Außenpolitisch war er desinteressiert und daher auch glücklos. Die gerade von seinem Vater erworbene Lehenshoheit über Pommern verlor er wieder, wenn auch vertraglich geregelt werden konnte, daß das Land nach Aussterben der Pommernherzöge an Brandenburg fallen solle.

Seit seiner Jugend war der Kurfürst kränklich gewesen. Ein tödliches Siechtum mit Fettleibigkeit und Wassersucht beendete schon mit 44 Jahren sein Leben.

Fettleibigkeit und Wassersucht in mittleren Jahren schon lassen natürlich auch Rückschlüsse auf die Lebensgewohnheiten des Kurfürsten zu, der sicher nicht in Askese lebte. Hinweise auf das Vorliegen einer Gicht fehlen allerdings, obwohl sie bei einem solchen Schlemmer- und Genießerleben als Risiko immer einkalkuliert werden kann.

1498 trat *Johann Cicero* pflichtbewußt, wenn auch schwerkrank, seine Reise zum Reichstag in Freiburg im Breisgau an. Doch während der Rückreise ereilte ihn am 9. Januar 1499 in Arneburg bei Stendal der Tod. Er starb an Brustwassersucht.

Seine erste Ruhestätte fand der Kurfürst im Kloster Lehnin. Später wurde er in den Cöllner Dom überführt. Sein Sohn und Nachfolger veranlaßte ein Bronzegrabmal, das der geniale Nürnberger Künstler *Peter Vischer* schuf.

Kurfürst Friedrich II. der Eiserne (1440–1470)

Kurfürst Albrecht Achilles (1470–1486) – Bruder und Nachfolger Friedrichs II.

Kurfürst Johann Cicero (1486–1499)

Kurfürst Joachim I. Nestor (1499–1535)

Joachim I. Nestor (1484–1535)

Nach dem frühen Tod von *Johann Cicero* wurde sein älterer Sohn *Joachim I.* im Jünglingsalter von 15 Jahren Kurfürst von Brandenburg.

Sein Beiname *Nestor* hat unterschiedliche Deutungen erfahren, denn an sich ist er irreführend, da *Joachim* schon mit 51 Jahren starb. Vielleicht war es seine relativ lange Regierungszeit von 36 Jahren, der er diesen Beinamen verdankte, vielleicht hing er auch mit seinem Ansehen unter den deutschen Reichsfürsten zusammen, das er ohne Frage genoß.

Joachim I. war ein ehrgeiziger und ernster Mann, der eine gute Bildung genossen hatte und als gewandter und scharfer Redner ebenso gefürchtet wie geachtet war.

Im Landesinnern griff er mit unnachsichtiger Strenge gegen die immer noch rebellischen Raubritter durch und ließ zahlreiche Adelshinrichtungen durchführen. Damit wurde das Faustrecht beendet.

Die Judenverfolgungen, die *Friedrich II.* schon praktiziert hatte, erreichten unter *Joachim* ihren zweiten Höhepunkt: achtunddreißig reiche und angesehene Juden wurden verbrannt, andere des Landes verwiesen.

1527 führte der Kurfürst das römische Recht (Kaiserrecht) in seinen Landen ein (Joachimsche Konstitution), nachdem er zehn Jahre früher das landesherrliche Gericht, das Kammergericht, eingerichtet hatte.

Die Universität Frankfurt/Oder verdankte ihm ihre Gründung, die schon sein Vater angeregt hatte. Als hochdeutsche Amtssprache wurde in den Kanzleien das „Meißnische" in Brandenburg eingeführt.

Im Reichsmaßstab führte *Joachim* eine führende Rolle. Sogar um die Kaiserwürde hatte er sich 1519 nach dem Ableben *Maximilians I.* beworben, wenn auch erfolglos.

Die Bedeutung der Hohenzollern war dadurch noch gewachsen, daß sein Vetter *Albrecht* von Ansbach Hochmeister des Deutschen Ritterordens und sein jüngerer Bruder *Albrecht* Erzbischof von Magdeburg und Mainz wurden. Damit verfügten die Hohenzollern über zwei Kurstimmen im Reich, denn der Erzbischof von

Mainz war zugleich geistlicher Kurfürst, sogar der bedeutendste unter den geistlichen Wahlmännern. Dieser *Albrecht* setzte den berüchtigten Ablaßhandel in seinen Bistümern ingang, der *Luther*s Thesenanschlag auf den Plan rief.

Während viele Reichsfürsten sich der Lehre *Luther*s zuwandten, blieb *Joachim* der alten Kirche zeitlebens verhaftet und stand *Luther*, dessen Bibel er in seinem Land verbot, feindselig gegenüber. Aber im eigenen Haus bröckelte es längst. Die fränkische Hohenzollernlinie war protestantisch geworden, und auch der Hochmeister des Deutschen Ordens bekannte sich zu *Luther*, löste den Orden auf und gründete das weltliche Herzogtum Preußen, dem *Joachim* die Anerkennung versagte. Den neuen Herzog trafen Acht und Bann.

Auch in der Mark war der Boden für die Reformation bereitet, nur bei ihrem Kurfürsten nicht. Der Riß ging durch die eigene Familie, denn seine Frau *Elisabeth* bekannte sich zu *Luther* und dessen neuer Lehre. Schließlich floh sie aus Berlin und fand am Hofe des sächsischen Kurfürsten *Johann des Beständigen* Zuflucht, wo sie engen Kontakt zu *Luther* hielt. Erst zehn Jahre nach *Joachims* Tod kehrte sie nach Spandau zurück.

An der Entwicklung seiner Frau war *Joachim* nicht ganz schuldlos, denn sie verzieh ihm die jahrelange Verbindung zu *Katharina Hornung* nicht, mit der er mehrere Kinder hatte, die in Küstrin erzogen wurden. Von daher war ihr Schritt sicher auch Protest gegen *Joachim* und nicht allein religiös motiviert.

Wegen seiner Strenge und Unnachsichtigkeit, die er gegen andere übte, wurde der Kurfürst zusehends einsamer und ungeliebter. Zu seinen engsten Vertrauten gehörte der Hofastrologe und Arzt *Carion*, der für den 15. Juli 1525 eine Sintflut und den Untergang Berlins prophezeit hatte. *Joachim* war von der Richtigkeit der Konsequenzen aus der Sternenkonstellation so überzeugt, daß er aus Furcht auf den Tempelhofer Berg floh. Die Sintflut reduzierte sich auf ein heftiges Sommergewitter – aber *Joachims* Verhalten, das nicht unentdeckt blieb, erregte peinliches Aufsehen in der Bevölkerung, und seine Popularitätskurve sank auf null.

Seine Entspannung suchte der Kurfürst auf der Jagd, die er mit Leidenschaft betrieb. Offenbar war auch er ein Genießer, dabei keineswegs ein wählerischer Esser. Dem Wein war er zugetan, angeblich nicht über Gebühr, wie wohlmeinende Biographen es formulieren.

Von *Joachim I.* ist bekannt, daß er häufig unter Gallenkoliken litt. Ob er auch von Gichtanfällen geplagt war, vermag ich nicht sicher zu sagen, selbst wenn von verdächtigen Schmerzattacken die Rede war, die eine solche Vermutung keineswegs ausschließen. Daß nicht wörtlich von der Gicht die Rede ist, hat wenig zu bedeuten, da die Begriffe auch zu jener Zeit noch nicht scharf getrennt wurden, und Gicht wie Rheuma und Gelenkschmerzen oft für ein und dieselbe Krankheit standen.

Mit 51 Jahren ereilte ihn am 11. Juli 1535 der Tod. Zum Kloster Lehnin, das er stets großzügig mit Wildbret und Wein versorgt hatte, bestanden solche engen Bindungen, daß auch er dort seine erste Ruhestätte fand.

Noch bevor er starb, hatte der Kurfürst testamentarisch das Hausgesetz der Hohenzollern, die Dispositio Achillae, umgestoßen, und seinem älteren Sohn, *Joachim II.*, die Kurmark, dem jüngeren, *Johann von Küstrin*, die Neumark vererbt, und damit das Land geteilt. Sein Vermächtnis an beide Söhne, dem Katholizismus die Treue zu halten, erfüllte weder der eine noch der andere. Ihr christliches Gewissen stellten sie über das dem Vater gegebene Versprechen.

Unter den hohenzollernschen Kurfürsten war *Joachim* nach seinem Vater der zweite wirkliche Brandenburger.

Joachim II. Hektor (1505–1571)

Joachim II. war in allem das glatte Gegenteil von seinem Vater. Er war weder willensstark noch ehrgeizig.

Sein Beiname *Hektor* ist noch verwirrender als der seines Vaters, denn er war alles andere als ein Held. Militärisch war er eher untauglich, und nach Sporen auf diesem Gebiet sucht man bei ihm vergebens. In jungen Jahren, als er sich an einem Feldzug gegen die Türken beteiligt hatte, erwarb er sich wohl diese Zusatzbezeichnung – als Kurfürst trachtete er keineswegs nach derartigen Lorbeeren mehr. Das macht ihn zunächst schon nicht unsympathisch. Sympathisch war er wohl überhaupt, wie alle großzügigen Menschen, die leben und leben lassen.

Joachim II. war ein friedfertiger Mensch, freundlich und weich, aber auch bequem und desinteressiert. Mit seinem Vater teilte er die Jagdleidenschaft – die höfische Prunksucht, seine unangemessen prachtvollen Hoffeste waren seine eigene Sache. Seine kostspielige Bau- und Jagdleidenschaft brachte herrliche Schlösser hervor, so das repräsentative Renaissanceschloß in seiner Residenzstadt und das Jagdschloß Grunewald, das er über einen Bohlendamm, dem späteren Kurfürstendamm, mit seinem Stadtschloß verbinden ließ. Seine Schulden stiegen unaufhörlich, so daß der Kurfürst die Steuerschraube ständig anzog und selbst vor fragwürdigen Geldbeschaffungsmaßnahmen nicht zurückschreckte. Ohne jegliche Begründung ließ er bei den reichen Berliner Kaufleuten und Bankiers Münzen und Schmuck beschlagnahmen. Zu seiner Ehrenrettung muß gesagt werden, daß dieser Raubzug nicht *Joachims* Idee war, sie stammte von seinem jüdischen Münzmeister *Lippold*, der für seine fragwürdigen Geld- und Kreditbeschaffungen unter *Joachim*s Sohn hart zahlen sollte, mit seinem Leben nämlich.

Vorsorglich hatte *Joachim II.* 1560 die Spandauer Burg zur Zitadelle umbauen lassen, die damit zu einem sicheren Ort für Krisenzeiten wurde, vor allem für den Kurfürsten selbst.

Seine familiären Bindungen, wenn dieser Ausdruck überhaupt gestattet ist, waren alles andere als in Ordnung. Obwohl zweimal verheiratet und Vater von dreizehn Kindern, ließ er sich sein eheähnliches Verhältnis zu *Anna Sydow*, Witwe eines Geschützgießers, nicht zerstoren. „Die schöne Gießerin" begleitete ihn sogar auf die Jagd, wenn auch in Männerkleidern. Hier allerdings glich er durchaus seinem Vater, der *Katharina Hornung* sogar in Männerkleidung mit auf den Reichstag nach Nürnberg nahm.

Joachim mußte sich die üble Nachrede gefallen lassen, daß er stets „im Holze liege" und seine Regierungsgeschäfte vernachlässige. Seine Bildung war keinesweg schlecht zu nennen. Die geistige Beeinflussung kam aus sich diametral gegenüberstehenden Lagern: von seinem Onkel, dem Erzbischof von Magdeburg und Mainz und von seiner Mutter, die eine Anhängerin *Luther*s war und ihres orthodoxen Mannes wegen nach Torgau geflohen war.

Politisch war *Joachim II.* keineswegs glücklos, denn in diplomatischer Hinsicht war er nicht von Pappe.

Zwei Schritte mögen das belegen. Am 1. November 1539 unternahm der Kurfürst einen klugen politischen Schachzug, indem er mit der Vergangenheit brach und offen zur Reformation übertrat. Im eigenen Land, das längst lutherisch gesinnt war, erntete er Beifall dafür, und was die katholischen Habsburger betraf, so hatte es schon zu Zeiten seines Vaters ständig Verstimmungen gegeben. Nicht zuletzt brachte der Glaubenswechsel dem hochverschuldeten Kurfürsten auch willkommene materielle Vorteile, denn immerhin waren kirchliche Besitztümer zu konfiszieren.

In religiöser Hinsicht war sein Konfessionswechsel nicht viel wert, denn er blieb der alten Kirche verhaftet.

Auch die Bündnisse des Kurfürsten waren außerordentlich verworren. Einerseits schloß er mit Moritz von Sachsen, einem Protestanten, ein Verteidigungsbündnis, andererseits unterstützte er den katholischen Kaiser im Schmalkaldischen Krieg, um Moritz, seinen Verbündeten und offiziellen Glaubensbruder, im Kampf gegen *Karl V.* 1552 abermals im Stich zu lassen. Erst mit dem Augsburger Religionsfrieden von 1555 kam auch Frieden über *Joachim*, der nun zunehmend lutherischer wurde.

Ein zweiter Schritt sollte zumindest für die Zukunft der brandenburgischen Hohenzollern von großer Bedeutung werden. Als der preußische Herzog *Albrecht* 1569 starb, gelang *Joachim II.* die Mitbelehnung des Herzogtums Preußen. Die Verhandlungen mit Polen hatten sich über Jahre hingeschleppt, obwohl es an Verbindlichkeiten von seiten *Joachims* keineswegs gemangelt hatte. Als die Mitbelehnung schließlich gelang, wurde sie in Berlin mit größtem Pomp gefeiert. In Wahrheit war sie eine diplomatische Meisterleistung seines Kanzlers *Distelmeyer*, dem der Kurfürst längst die Regierungsgeschäfte überlassen hatte, um sich in Ruhe seinen kostspieligen Neigungen und seiner nicht weniger aufwendigen Mätressenwirtschaft hingeben zu können. (Die Ernte, die dereinst *Johann Sigismund* einfahren konnte, war also von langer Hand vorbereitet. *Joachim II.* legte die Saat, und dessen Sohn *Johann Georg* verheiratete vorsorglich seinen Enkel *Johann Sigismund* mit der einzigen Tochter des letzten preußischen Herzogs *Albrecht Friedrich*, um das Erbe für Brandenburg doppelt abzusichern.)

Joachim II. war ein bequemer Genußmensch, dessen Verschwendungssucht hohe Schulden vorprogrammieren mußte. An seinem Hof wechselten Spiele, Tänze und Jagden mit Trink- und Eßgelagen ab. Bis auf den Kurfürstenhut überließ *Joachim* seinem Sohn nichts als Schulden.

Als leidenschaftlicher Jäger hatte er sich auch in Köpenick ein Jagdschloß bauen lassen, wo er sich oft und gern aufhielt, mit seinem Hof- und Jagdgefolge umgab, wohl auch mit seinen Söhnen von der „schönen Gießerin".

Am 3. Januar 1571 brach er zur Wolfsjagd abermals nach Köpenick auf. Nachdem man am Abend „in christlicher Fröhlichkeit", wie *Fontane* es formulierte, gespeist hatte, zog sich der Kurfürst zurück, klagte über Schmerzen in der Brust, wurde ohnmächtig und starb.

Joachim II. starb angeblich am Schlagfluß.

Nach seinem Urgroßvater *Albrecht Achilles* scheint *Joachim II.* ein weiterer sicherer Gichtiker gewesen zu sein, während man diese Krankheit bei seinem Vater und *Johann Cicero*, seinem Großvater, zwar vermuten, aber nicht belegen kann.

Johann Georg (1525–1598)

Johann Georg hatte sich 1571 kaum den Kurfürstenhut zurechtgesetzt, als die Neumark in den brandenburgischen Schoß zurückfiel, denn sein Onkel, *Hans von Küstrin*, starb zehn Tage nach seinem Vater und zwar ohne Söhne. Damit war die Teilung des Landes, die *Joachim I.* verfügt hatte, wieder aufgehoben. Und die Dispositio Achillae sollte nun in Zukunft nicht mehr in Gefahr geraten.

Johann Georg war ein nüchterner und verschlossener Mann, der seinem verschwenderischen und genußsüchtigen, dabei immer liebenswürdigen Vater in nichts ähnelte. Zunächst ging er mit den Günstlingen seines Vaters scharf ins Gericht. Der Jude *Lippold*, einst Leibarzt und Bankier seines Vaters, wurde in aller Öffentlichkeit verbrannt. Die letzte Geliebte seines Vaters, „die schöne Gießerin", kam auf die Festung Spandau, wo sie 1575 starb. Die Juden wurden abermals des Landes verwiesen, die Freunde des

Vaters verjagt. (Jüdische Familien wurden viel später, erst unter dem Großen Kurfürsten wieder zugelassen.)

Außenpolitisch, wo sein Vater immer präsent und durchaus erfolgreich war, kam es zum Stillstand. Der Kurfürst schaffte Ordnung nach innen, regelte die Wirtschaft und die zerrütteten Finanzen. Den reformierten Flüchtlingen aus den spanischen Niederlanden gewährte er Zuflucht. Begann damit schon die religiöse Toleranz, die später für Preußen typisch werden sollte? Wohl kaum, denn die Juden waren verjagt, und die Aufnahme von Glaubensflüchtlingen hatte weißgott nicht immer nur edle Motive, auch später nicht.

Sein Vater hatte die neue Lehre *Luther*s zwar angenommen, aber doch halbherzig und entsprechend lax gehandhabt. Nun aber wurde es ernst im Lande, denn *Johann Georg* war ein eifriger Verfechter des neuen Glaubens und ging mit Abweichungen ins Gericht. Dennoch mußte er Duldung üben, denn eine religiös homogene Bevölkerung stand ihm nicht zur Verfügung. Am Niederrhein, dessen Gebiete langsam auf die brandenburgischen Hohenzollern zurollten, war man katholisch, aber gleichermaßen kalvinistisch, in Preußen war man protestantisch, aber durchaus auch katholisch. In Brandenburg sah es etwas besser aus, aber auch nicht gut.

Die Förderung des Schulwesens zeitigte immerhin Früchte, und das berühmte Berliner Gymnasium „Zum Grauen Kloster" verdankt *Johann Georg* seine Gründung.

Insgesamt aber blieb *Johann Georg* ein blasser Kurfürst, der bei aller versuchten Konsequenz vielleicht nach innen etwas bewegte, nach außen dagegen gar nichts, wenn man die Verheiratung seines Enkels *Johann Sigismund* mit *Anna* von Preußen nicht als politischen Akt bezeichnen will, was er zweifellos war.

Am 8. Januar 1598 starb *Johann Georg* im Alter von 73 Jahren.

Nennenswerte Krankheiten waren nicht zu finden, insbesondere fehlen konkrete Anhaltspunkte für das Vorliegen einer Gicht.

Auch *Johann Georg* war ein leidenschaftlicher Jäger wie alle Hohenzollern, wenn man von *Friedrich dem Großen* einmal absieht, für den das Jagdvergnügen nichts als Barbarei war.

Joachim Friedrich (1546–1608)

Ihm ging es überwiegend um Hausmachtpolitik und Vergrößerung seines Territorialstaates. Aber die Mark Brandenburg verdankt ihm die Gründung des Joachimsthalschen Gymnasiums.

Johann Georg hatte die Dispositio Achillae abermals gefährdet, indem er seinem Sohn aus dritter Ehe die Neumark vererbt hatte. *Joachim Friedrich* akzeptierte diese Teilung nicht. Es gelang ihm, 1598 den „Hausvertrag von Gera" mit seinen erbberechtigten Verwandten zu schließen, der abermals die Unteilbarkeit der Marken und die Primogenitur (Erbfolge des ältesten Sohnes) festschrieb. Damit war die Gefahr der drohenden Landesteilung von Brandenburg abermals abgewendet. Aufgrund der Dispositio Achillae und des Hausvertrages von Gera ging es den Hohenzollern besser als den Wettinern, Wittelbachern und den Welfen, die durch Erbteilungen oft geschwächt wurden.

1605 wurde dem Kurfürsten vom polnischen König die Regentschaft für den geisteskranken letzten Herzog von Preußen übertragen, der längst unter Kuratel stand und 1594 geschickt von *Joachim Friedrich* zum Schwiegervater seines Sohnes gemacht worden war.

Preußen rückte Brandenburg unaufhaltsam näher, und das schon von *Joachim II.* eingefädelte Werk schien bald aufzugehen.

Aber seine Aktivitäten erschöpften sich nicht im Osten, auch die westlichen Erbanwartschaften am Niederrhein, die nämlich durch die Vermählung des geisteskranken preußischen Herzogs *Albrecht Friedrich* mit *Marie Eleonore* von Jülich-Kleve-Berg auf die Brandenburger Hohenzollern zukamen, ließ er nicht mehr aus den Augen. Wahrlich, *Anna* von Preußen war eine millionenschwere Erbin, und sie war die Gemahlin *Johann Sigismunds*, des zukünftigen Brandenburger Kurfürsten.

Für die Bearbeitung seiner Hausangelegenheiten setzte der Kurfürst 1604 eigens ein „stehendes Geheimrathskollegium" ein, das seine Hausinteressen zu verfechten hatte, eine Art Staatsministerium, zugleich das erste in Brandenburg.

Fast erübrigt sich der Hinweis, daß auch *Joachim Friedrich* gern „mit Hund und Horn" zur Jagd ausritt.

Mit seinen kurfürstlichen Vorgängern teilte er diese Jagdleidenschaft und damit teilte er auch ihre Liebe zu den Hubertusfesten, zu Festen überhaupt. Auch ihre Todesursachen lauten alle ähnlich: den einen traf der Schlagfluß, den anderen die Wassersucht. Alt wurde kaum einer.

Den irdischen Genüssen gaben sie sich alle hin, und ihre Körperfülle war ein familiäres Markenzeichen. Auch wenn im Einzelfall der Nachweis einer Gicht schwierig zu führen ist, so legen Unbeweglichkeit und Schmerzen den Verdacht sehr nahe.

Bei *Albrecht Achilles, Joachim I.* und *II.* drängen sich solche Rückschlüsse förmlich auf, bei den Nachfolgern *Joachim Friedrichs* gibt es genügend Zeugnisse, die eine Gicht belegen.

Am 18. Juli 1608 starb der Kurfürst überraschend an einem Schlaganfall. Er befand sich in der Nähe des Jagdschlosses Köpenick auf der Höhe von Grünau, als ihn der Tod in seinem Wagen ereilte.

Johann Sigismund (1572–1619)

Über *Johann Sigismund* können geteilte Meinungen nicht aufkommen, dazu war er zu saft- und kraftlos und als Persönlichkeit zu unbedeutend.

Unselbständig und willensschwach trat er im reifen Alter von 36 Jahren müde sein Regierungsamt an – im Grunde war er schon verbraucht, als es eigentlich erst losgehen sollte. Man kommt nicht umhin, ihn als arbeitsscheuen Schlemmer und krankhaften Trinker zu bezeichnen, der seine Gesundheit restlos ruinierte, und das schon in den besten Jahren.

Aber das Leben geht oft unergründliche Wege und hält selbst dort noch Erfolge bereit, wo sie eigentlich niemand vermuten würde, denn in politischer Hinsicht war *Johann Sigismund* ganz und gar nicht glücklos. Und wenn von ihm hier etwas ausführlicher die Rede sein wird, dann ist es der Umstand, daß Brandenburg-Preußen erst mit ihm interessant zu werden beginnt, daß seine Gebietserweiterungen den Grundstein für die spätere Geschichte Preußens legten. So sah ihn auch *Friedrich der Große*.

Aufgrund von Erbschaften kam es in der Regierungszeit *Johann Sigismunds* zu einer bedeutenden Vergrößerung seines Kurfür-

Kurfürst Joachim II. Hektor (1535–1571)

Kurfürst Johann Georg (1571–1598)

Kurfürst Joachim Friedrich (1598–1608)

Kurfürst Johann Sigismund (1608–1619)

stentums. Im Osten fiel ihm das Herzogtum Preußen in den Schoß, im Westen war es ein stattlicher Länderkomplex am Niederrhein.

Jedoch das Erbe hatte es in sich, denn diese Beute begehrte auch ein anderer.

Als der geisteskranke *Albrecht Friedrich*, der letzte Herzog von Preußen, 1618 endlich starb, kam es zu der lange ersehnten Verschmelzung von Preußen (Ostpreußen) und Brandenburg zu einem Staatsgebilde. Aber diese Liebe war sehr einseitig, denn „die tollen Preußen von Adel" widersetzten sich der Vermählung mit Brandenburg. Doch es half ihnen nichts, denn *Johann Sigismund* hatte bereits 1611 dem polnischen König den Lehnseid geleistet und so mußten sie wohl oder übel dem neuen Landesherrn huldigen. (Die volle Souveränität über Preußen kam später, erst unter *Johann Sigismund*s Enkel, dem Großen Kurfürsten.)

Auch der Komplex am Niederrhein war alles andere als eine reife Frucht, die ihm in den Schoß fallen sollte, denn mit Erbansprüchen dort wartete auch das Haus Pfalz-Neuburg auf, das gleichermaßen erbberechtigt war.

In dieser Situation kam es zu zwei Aufsehen erregenden Konfessionswechseln: der lutherische Pfalzgraf von Neuburg wurde katholisch, und *Johann Sigismund*, bis dahin ebenfalls lutherisch, wurde kalvinistisch, worauf wir noch zurückkommen.

Bei der engen Nachbarschaft zu den kalvinistischen Niederlanden konnte der Pfalzgraf nichts Ungeschickteres tun, selbst wenn die katholische Habsburgerpartei ihm den Rücken stärkte. Und als ein spanisches Heer sich auf den Weg nach Jülich machte, rückten die Niederländer prompt in Kleve ein, die den Schritt des brandenburgischen Kurfürsten mit Sympathie aufnahmen.

Schließlich einigten sich beide Parteien. Niemand bekam das, was er eigentlich wollte, denn das stattliche Erbe wurde 1614 in dem Vertrag von Xanten geteilt. Über den Erbanteil entschied das Los, und so kamen Kleve, Mark und Ravensberg an Brandenburg, während die Herzogtümer Jülich und Berg an den Pfalzgrafen gingen. (Jedoch der Stachel des Teilens saß bei den brandenburgischen Hohenzollern tief, er kam nicht zur Ruhe und beschäftigte später noch den Großen Kurfürsten, den Soldatenkönig und auch *Friedrich den Großen*.)

Johann Sigismund hatte seinen Konfessionswechsel im Hinblick auf das niederrheinische Erbe keineswegs ungeschickt betrieben, wenn dieser Schritt, den er im Dezember 1613 vollzog, auch folgenschwer war. Er brachte ihm zwar Rückhalt und Schutz bei den Niederlanden, aber den Unmut und Widerstand seiner durchweg protestantischen Bevölkerung in Brandenburg und Preußen hatte er offenbar nicht einkalkuliert.

Daß ihm die reformierte Eucharistie verständlicher als die lutherische war, mag sein, aber es hat wenig Sinn, seinen Schritt religiös motivieren zu wollen, denn er war alles andere als das. Dahinter standen handfeste hausmachtpolitische Gründe, denn schließlich war Kleve überwiegend kalvinistisch, und die benachbarten Niederlande waren geradezu eine kalvinistische Hochburg.

Diesen Verrat an der lutherischen Kirche nahm man ihm zu Hause übel, wo der Kalvinismus noch verhaßter war als der Katholizismus.

War es Generosität, war es Duldsamkeit oder angesichts der heftigen Widerstände in Berlin und in Preußen doch nur Einsicht in die zwingende Notwendigkeit, daß *Johann Sigismund* es jedem, auch seiner eigenen Familie, anheimstellte, dem alten Glauben die Treue zu halten?

Wie auch immer, auf jeden Fall legte *Johann Sigismund* mit seinem Toleranzedikt von 1614 den Grundstein für Glaubensfreiheit, die für Preußen charakteristisch werden sollte. (Mit dem Edikt von Potsdam ermöglichte später der Große Kurfürst die Aufnahme der Hugenotten, und *Friedrich Wilhelm I.* lud mit seinem Einwanderungspatent alle verfolgten Augsburger Protestanten nach Preußen ein. Friedrich der Große schließlich wollte, daß jeder in seinem Lande nach seiner Fasson selig werde.)

Am Anfang dieser Reihe aufgeschlossener und toleranter Landesherrn stand ohne Frage *Johann Sigismund*. Daß er sich überhaupt um Brandenburg-Preußen, das es vor ihm nicht gegeben hatte, nicht geringe Verdienste erwarb, mag bei seiner Trägheit und Untüchtigkeit zwar verwundern, aber zu bestreiten ist es nicht. Vielleicht besaß er bei aller Müdigkeit genau das, was im modernen Sprachgebrauch von heute als Feeling bezeichnet wird. Und wenn es so war, dann hatte er ein Feeling für Gebietserweiterungen, wobei das insofern nicht ganz korrekt ist, da er sich nichts nahm, was ihm nicht zustand. Sein Erbe aber fuhr er ein und ließ es sich nicht streitig machen.

Vom zügellosen Leben des Kurfürsten war schon zu Beginn die Rede. Er mußte hart zahlen dafür, denn seit 1617 siechte er dahin, erst 45 Jahre alt. Von der Ausübung seiner Regierungsgeschäfte, die ohnehin nie seine Stärke gewesen war, konnte keine Rede mehr sein. Trunk und Völlerei hatten seine Gesundheit restlos ruiniert. Korpulent und unbeweglich geworden, von Gichtschmerzen und Atemnot gequält, überließ er im November 1619 seinem Sohn das Zepter.

Der allerdings war schon in jungen Jahren ängstlich und kränklich, so daß das Land sozusagen vom Regen in die Traufe kam.

Seinen hilflosen und erbärmlichen Zustand suchte der Hofprediger *Salomon Finck* mit seinen „Trostsprüche(n), damit ich meinen Gnädigsten Herrn Churfürsten S. getröstet" zu lindern.

Die Aufzeichnungen des Hofpredigers geben die letzten Tage und Stunden des Kurfürsten wieder. Mit Sprüchen und Psalmen und dem apostolischen Glaubensbekenntnis suchte *Salomon Finck* den sterbenden Kurfürsten zu trösten.

Gottergeben schickte sich *Johann Sigismund* in sein letztes Schicksal und bat seinen Hofprediger um Trost: „. . . also wollte sich S. Chf. D. auch unter die gewaltige Handt Gottes demutigen undt solchs wirt dem Herrn gefallen, Undt kan S. Chf. D. auch Ihr Leben verlengern. Hierauff I. Chf. D. geantwortet O Ja, wie Gott will."

Aber seine Lebensflamme war am Erlöschen, und nach den Trostsprüchen brauchte der entkräftete Kurfürst seine Ruhe: „Hirmit hab ich damals", so schrieb *S. Finck*, „von I. Chf. D. urlaub genommen, Undt Dieselbe der Gnaden Gottes zur sanfften Ruh befohlen, fragend, ob ich Hernach wieder zu Ihrer Chf. D. wiederumb kommen solte, drauff Sie geantwortet, Ach Ja Ja."

In diesem Wechsel geht es weiter, wobei dem sterbenden Kurfürsten besonders seine Schwäche gegen die Versuchung des Lebens zu schaffen machte. *Finck* tröstete ihn auch hier: „So trifft auch solche Versuchung S. Chf. D. allein nicht, sondern es ist ein elendes jämmerliches Ding umb aller Menschen leben . . . bis das sie wieder in die Erde kommen, die unser aller Mutter ist, da ist immer Muhe Undt Arbeit, Furcht Undt Hoffnung, Undt entlich der Todt."

Aber sein Hofprediger war nicht allein um ihn. Morgens kamen die kurfürstlichen Leibärzte, und „... nach der Mallzeit Hatt die Chf. Gemahlin ... bis nach Mitternacht Ihrem Herrn Gemahlen unter Lesen, Behten, Undt hochlöblicher getrewer pflege beygewohnet."

Sie war bis zum Ende bei ihm und „... hatt auch offt Undt Viell Ihren lieben Herren gefraget bis an die letzte Stunde, ob I. Chf. D. sich auch des Herren Christi Festigkeit getrösteten, da I. Chf. D. immer mit Ja geantwortet, auch gesprochen, Ich hab meinen Herren Christum so fest in mein Hertz, daß mir denselben niemandt nemen Wirdt.

Hierrauf sein I. Chf. D. unter singen Undt behten seliglich in Gott den Herren entschlaffen."

Der Tod trat am 23. Dezember 1619 ein. Er war eine Erlösung nach langem Siechtum, wobei die Gicht längst von anderen Krankheiten eingeholt war. Mehrere Schlaganfälle hatten ihn getroffen und seinen jahrelangen Zustand der Hilflosigkeit noch erbärmlicher gemacht.

Als eigentliche Todesursache des erst 47jährigen wird Brustwassersucht angegeben.

Für sein Land war er kein Verlust – aber war sein Nachfolger für Brandenburg-Preußen ein Gewinn?

Georg Wilhelm (1595–1640)

Ein Gewinn war *Georg Wilhelm* mit Sicherheit nicht, dazu war er viel zu schwach und unentschlossen, ganz abgesehen davon, daß seine Gesundheit schon in jungen Jahren zu wünschen übrig ließ.

Wenn sein Vater auch antriebsarm und unbeweglich gewesen war, so konnte der am Ende seiner Tage wenigstens auf der Habenseite einen stattlichen Gebietszuwachs verbuchen, selbst wenn seine eigenen Verdienste daran ziemlich unmaßgeblich waren. An Kraftlosigkeit war *Georg Wilhelm* seinem Vater ebenbürtig, aber an Erfolgen war er ihm weit unterlegen. Diese Tatsache hatte mindestens drei Ursachen: die schwerwiegendste war *Georg Wilhelm*s eigenes Unvermögen. Verhängnisvoll war weiterhin die schwierige Zeit des 30jährigen Krieges, die zumindest eine Persönlichkeit vom Schlage seines Sohnes nötig gehabt hätte, und schließlich war es der Umstand, daß eigentlich nicht der Kurfürst, sondern der katholische Reichsgraf *Adam von Schwarzenberg* die Regierung führte, denn die wichtigsten Staatsämter oblagen ihm.

Für Brandenburg brachte das keinen Segen, denn als Katholik sympathisierte *Schwarzenberg* mit den katholischen Habsburgern und verstand es, den Einfluß der überwiegend kalvinistischen Räte am Hof zurückzudrängen, die den Anschluß an Schweden suchten. *Schwarzenbergs* Politik, ganz abgesehen von seinem Eigennutz, war doppelbödig, denn die katholische Habsburgerpartei im Reich, insonderheit das Kaiserhaus, konnte immer auf ihn rechnen.

Auf die katastrophale Lage Brandenburgs im 30jährigen Krieg soll hier nicht näher eingegangen werden. *Georg Wilhelm*s Leitmotiv mag es gewesen sein, sich und sein Land durch Neutralität aus den Greueln des Krieges herauszuhalten. Daß das auf Dauer nicht gelingen konnte, mußte er sehr bald erfahren. Und so wurden ihm Bündnisse aufgezwungen, erst von dem Schwedenkönig *Gustav Adolf*, dann von den Kaiserlichen. Sein Land zerfiel indes in Anarchie und wurde zum Hauptkriegsschauplatz für die kaiserlichen Truppen und die Schweden, am Ende wurde es zerstört durch selbst angeworbene Landsknechte.

Seine Parteilosigkeit und Unentschlossenheit sprechen *Georg Wilhelm* nicht frei von der Schuld an der restlosen Zerstörung Brandenburgs.

Als frömmelnder Landesherr suchte er Rat und Hilfe im Gebet und empfahl seinen Untertanen, das Gleiche zu tun. Er selbst war so schwach und wehleidig, daß er die Greueltaten des Krieges nicht ertrug und sich mehr als einmal nach Preußen absetzte, das vom Krieg relativ unberührt war. Hier aber verschaffte er sich Entspannung und Ablenkung auf seine Art, „griff gern zum Becher und speiste mit seinen Genossen an wohlbesetzten Tafeln...". „Die guten Weine flossen in Strömen", und zwischen den Gelagen wurde gejagt, besonders in den Wäldern Ostpreußens. Der Jagd war der Kurfürst so verfallen, daß er nicht einmal zur Taufe seines Erstgeborenen, des späteren Großen Kurfürsten, nach Berlin kam, auch wenn er Verhandlungen mit der polnischen Krone wegen der Belehnung Ostpreußens vorschob.

Auch *Georg Wilhelm* war ein maßloser Schlemmer und Genießer und stand in dieser Beziehung nicht hinter seinem Vater zurück. Aber ausgeprägter als bei dem waren seine Wehleidigkeit und Kraftlosigkeit.

Im Grunde war *Georg Wilhelm* schon ein kranker und verbrauchter Mann, als er 1619 das Kurfürstenamt übernahm. Schwermut durchzog sein ganzes Leben. Auch sein Sohn hatte diese Neigung bei aller Unterschiedlichkeit der Charaktere, auch noch als er schon der Große Kurfürst genannt wurde.

1620 hatte sich *Georg Wilhelm* bei einem Unfall eine nicht heilende Unterschenkelwunde zugezogen, die nach 1631 auch das andere Bein in Mitleidenschaft zog, so daß er sich nur mit Mühe aufrechthalten konnte und oft in einer Sänfte getragen werden mußte.

In einem kurz nach dem Ableben des Kurfürsten verfaßten Bericht, den sein Leibbarbier *Sigißmundt Schulze* mitunterschrieb, heißt es: „... hatt dieselbe ... Anno 20 (gemeint ist die Schwachheit) alhir in Preussen ihren anfang genommen durch einen beschwerlichen Zufall an dem linken Schenkel, Welcher nach ausgestandenen heftigen schmerzen ... sich selbst eröffnet, undt ob Zwar Selbiger Schaden sich anfänglich Zur heilung oftmals angelassen, hatt er doch wegen ... Zufluß scharfer feuchtigkeit nicht sicherlich können dazu gebracht werden ...“, und an anderer Stelle heißt es weiter: „... woraus dann endlich auch dieses Unheil erfolget, daß beide Schenkel fast in gleiche Schwacheitt gerathen, also das S. Ch. D. Zu besserer ruhe undt linderung der schmerzen sich Zeittlich haben müssen auff einem Stuell tragen lassen ...“

Der Kurprinz weilte seit 1634 in Holland, wo er namentlich an der Universität Leiden Studien der Rechtswissenschaft und Geschichte betrieb. Seit 1637 forderte der nun auch geschäftsunfähig gewordene *Georg Wilhelm* seinen Sohn zur Rückkehr auf, der ein Jahr später in Berlin eintraf. Die Heimkehr des Kurprinzen wurde mit üppigen Gelagen begangen, und wenn sich der inzwischen auch korpulent und unbeweglich gewordene und ständig von Schmerzen geplagte Kurfürst kaum noch bewegen konnte – zu derartigen Feiern reichte es immer.

Im August 1638 ertrug *Georg Wilhelm* das Kriegschaos in Brandenburg nicht mehr – er brach in Begleitung seines Sohnes mit

2000 Landsknechten nach Preußen auf, das immer für ihn Zufluchtsort gewesen war. Unterwegs auf der Reise nach Königsberg wurden Vater und Sohn von heftigem Fieber heimgesucht, von dem Georg Wilhelm sich nicht mehr erholen sollte. Was sich jetzt einstellte, war reines Siechtum. Sein Leibbarbier *Sigißmundt Schulze* meinte dazu: „... nachdem Sie den Preussischen boden erreichet, mitt einem hizigen fieber befallen worden, welches doch durch Gottes gnade bald nachgelassen, allein der Zustand des Kranken Schenkels S. Ch. D. hatt sich dabey wenig gebessert, ...“ und fuhr an anderer Stelle fort: „... wovon die gesunden partes (Teile) nicht allein exulceriret, sondern ... die Oeconomia des leibes ... zerstöret ...“

Am 1. Dezember 1640 starb Kurfürst *Georg Wilhelm* im Schloß zu Königsberg. Durch seine Lebensweise hatte er sich mit 45 Jahren vollends ruiniert.

Als eigentliche Todesursache kann dem Obduktionsbericht, der von sieben Königsberger Ärzten unterschrieben wurde, Schlagfluß, also ein Schlaganfall, entnommen werden.

Mit Sicherheit hatte er eine Leberzirrhose mit Aszites (Flüssigkeitsansammlung in der Bauchhöhle), denn der Leberbefund läßt kaum eine andere Deutung zu, wenn es heißt: „Die Ursache solcher Versamleten feuchtigkeiten war Zweiffels ohne die schwache und kranke Verhärtete und Verstopffete Leber, welche von übernatürlicher Hitze und scharffen bösen flüßen, ihre natürliche farbe, temperament und Zustand Verlohren, also daß sie dunkelgelbe, wie leinenfabicht, angefärbet, durch ihre gantze Substantz voller kleiner bläselein, mit eiterichem Wäßerigen schleim angefüllet ...“

Am Ende des Leberbefundes ist nachzulesen: „... wodurch solches Gewäßer in den hohlen leib gedrungen, Und denselben, sambt allen Untersten gliedmaßen angefüllet und auffgeschwellet.“

Über die Beinverletzung, die möglicherweise eine chronische Osteomyelitis zur Folge hatte, ist im Sektionsprotokoll folgendes zu lesen: „Zum Überfluß ist auch entlich der ohrt, wo der alte und newe schade gewesen, eröffnet und befunden worden, daß ... die ... schienbeins Zimlich Ungleich nur mit kleinen bläselein oben her durchlöchert, ... wie nicht weniger ein erhobener harter

Knox am Knochen da vorhanden und zu sehen gewesen..." Am Ende wird die Zerstörung des Knochens offenbar, wenn es heißt: „Insonderheit wars in der lincken Röhre... fast wie ein scheit, daß man mit einem Meßerrücken hat darzwischen kommen können, sonsten war daß fleisch am gantzen Schenkel gantz weiß, und gleichsam speckicht hart."

Direkte Hinweise auf das Vorliegen einer Gicht fand ich nicht, es sei denn, daß die häufig angeführten Schmerzen, namentlich an den unteren Extremitäten diesen Schluß zulassen, zumal die Lebensweise des Kurfürsten solche Krankheit wohl eher ein- als ausschloß.

Die Krankheit der Könige: Vom Großen Kurfürsten bis Friedrich Wilhelm IV.

Auch wenn Kurfürst *Friedrich Wilhelm* die königliche Würde noch nicht in sein Haus brachte – ein Schritt, der seinem Sohn vorbehalten bleiben sollte –, wird er von mir ganz bewußt an den Anfang der königlichen Reihe gestellt, denn aufgrund seiner Persönlichkeit und Bedeutung für Brandenburg-Preußen gehört er besser hierher als zu seinen oftmals bedeutungslosen kurfürstlichen Vorgängern.

Auch unter dem Gesichtspunkt der Gicht führte er demonstrativ die Riege seiner Nachfolger an.

Friedrich Wilhelm, der Große Kurfürst (1620–1688)

„Ich habe mein fürstlich Regiment so zu führen, daß ich mir stets dessen bewußt bin, wie dasselbe des Volkes und nicht meine private Sache ist."

Friedrich Wilhelm der Große Kurfürst

Unter allen brandenburgischen Kurfürsten war er es, der am meisten von sich reden machte.

Friedrich Wilhelm, der seit der gewonnenen Schlacht von Fehrbellin den Beinamen „der Große Kurfürst" trägt, lebte nicht nur im Barockzeitalter – er war auch ein typischer Barockfürst, nicht allein seiner Statur wegen.

Hineingeboren wurde er in die turbulente Zeit des 30jährigen Krieges. Sein Vater, Kurfürst *Georg Wilhelm*, war schon als junger Mann schwach und kränklich gewesen, so daß sich dessen staatsmännische Vorbildwirkung auf den jungen Kurprinzen in Grenzen hielt.

Wenn er auch, wie nachzulesen ist, ein fleißiger Schüler war, so war er doch keineswegs ein sonderlich begabter, und die Jagdlust war weit stärker in ihm ausgeprägt als das Streben nach Schulweisheit. Diese Neigungen allerdings konnte er schon von seinem Vater übernommen haben, denn auf der Jagd war auch er zu Hause.

Als junger Mann von fünfzehn Jahren bezog *Friedrich Wilhelm* die niederländische Universität Leiden, um klassische Literatur, Rechtswissenschaft und Geschichte zu studieren. Aber die Studienjahre in Holland schärften nicht nur seinen Geist, sondern auch seinen Blick für die Staats- und Kriegskunst.

1638 kehrte er auf Drängen des Vaters nach Berlin zurück. *Georg Wilhelm* hatte versucht, sich durch Neutralität in den Wirren des Krieges den Rücken freizuhalten mit dem Ergebnis, daß Brandenburg eine Art Truppenübungsplatz für alle sich bekämpfenden Parteien wurde. Am 1. Dezember 1640 starb der Kurfürst in Königsberg, wo nun sein 20jähriger Sohn die Regierungsgeschäfte übernahm.

Der junge Kurfürst war um sein Erbe nicht zu beneiden: Das Land war zerrüttet und entvölkert und längst zum Hauptkriegsschauplatz in Deutschland geworden. Aber sehr bald zeigte sich, was in ihm steckte. Schon vier Jahre nach der Amtsübernahme begann er, ein stehendes Heer aus seinen eigenen Landeskindern aufzubauen, nicht zuletzt auf Empfehlung und Drängen *Konrad von Burgsdorffs*, den er zum Oberkommendierenden seiner Armee machte. Der Kurfürst schrieb 1667 in sein Politisches Testament: „Alliancen seindt zwahr gutt, aber eigene Krefte noch besser, darauff kan man sich sicherer verlassen.“

*Friedrich Wilhelm*s Lebensweise war durch und durch barock. Aber damit unterschied er sich nicht von den gekrönten Häuptern Europas, erst recht nicht von den vielen Landesfürsten. Sein Wohlleben schloß Pflichtbewußtsein und Arbeitseifer nicht aus, denn beides besaß der Kurfürst in vorbildlichem Maße. Sein Leben war – heute würde man sagen – voll durchorganisiert. Im Sommer wie im Winter stand er um sechs Uhr auf und begann den Tag mit einem Gebet. Zum Frühstück nahm er die herkömmliche Biersuppe zu sich, da Kaffee und Tee als „Modegetränke“ erst in den 80er Jahren das Angebot erweiterten. Vormittags wurden Regierungsgeschäfte erledigt, gemeinsam mit seinen Geheimen Räten.

Das Mittagsmahl nahm er meist mit seiner Gemahlin *Luise Henriette* von Oranien ein, die er 1646 geheiratet hatte. Einen Ausgleich für seine geistige Arbeit verschaffte er sich nachmittags durch körperliche Betätigung: Dazu gehörten Ausritte ebenso wie die Arbeit in seinen Gärten.

Am Abend bevorzugte er Unterhaltung und Spiel, am liebsten im Kreise seiner Familie. So wollte ihn jedenfalls die vaterländische Geschichtsschreibung haben.

Das alles hört sich bürgerlich und bieder an, aber ganz so beschaulich wird es dann wohl doch nicht zugegangen sein, denn immerhin hatte der „Elector Brandenburgicus Fridericus Wilhelmus Magnus“ mit vierzig Jahren seinen ersten Gichtanfall. Es wird berichtet, daß er seit dieser Zeit auf seinen Jagden wegen der quälenden Schmerzen Juchtenstiefel tragen mußte, die mit Pelz gefüttert waren. Nun trug er, wie viele Fürsten damaliger Zeit, seiner Krankheit wenig Rechnung und untergrub seine ursprünglich eher robuste Gesundheit durch seine üppige Lebensweise. Wie sein Vater, Kurfürst *Georg Wilhelm*, liebte auch er Festgelage in kostbar ausgestatteten Sälen seines Schlosses und sprach den „köstlichen Speisen und edlen Weinen“ über Gebühr zu.

Den Gichtanfällen scheinen, wie es auch ganz typisch ist, zunächst immer wieder schmerzfreie Intervalle gefolgt zu sein, die aber mit zunehmendem Alter kürzer wurden.

Seine Eßlust wurde flankiert von seiner Neigung, „allzu stark zu bechern“, und bei den Abendtafeln wurde so mancher Liter Rheinwein geleert, aber auch das selbstgebraute Bier wurde nicht verschmäht.

Vielleicht ist es nicht uninteressant zu erfahren, welche Mengen an Fleisch jährlich die kurfürstliche Tafel passiert haben sollen: Es sollen 130 Ochsen, 450 Kälber, 2100 Hammel, 150 Lämmer und 350 Mastschweine gewesen sein, von Hühnern, Enten und Gänsen nicht zu reden.

Das Barockzeitalter bereitete geradezu den Nährboden für die Gicht, aber letzten Endes waren bezüglich der Gicht eigentlich alle Zeitepochen barock, davor wie danach.

Das öffentliche Leben erhielt durch *Friedrich Wilhelm* einige grundlegende Änderungen und Neuerungen. Das Kammergericht, der höchste brandenburgische Gerichtshof, wurde direkt dem Kurfürsten unterstellt. Kunst und Wissenschaften wurden gefördert – die kurfürstliche und spätere königliche Bibliothek wurde durch *Friedrich Wilhelm* gegründet.

Im Streit der beiden Hauptkonfessionen, der Lutheraner und der Reformierten, verlor der Kurfürst seinen wohl bekanntesten Prediger, den geistlichen Liederdichter, *Paul Gerhardt. Paul Gerhardt*, von 1651 bis 1657 Pfarrer in Mittenwalde, dann Prediger an St. Nikolai in Berlin, verließ trotz Intervention des Berliner Magistrats und der kurmärkischen Stände Berlin, weil er die Lehr- und Gewissensfreiheit bedroht sah.

*Friedrich Wilhelm*s Bündnispolitik glich einem Kaleidoskop – aber das war allgemein so damals, wie es auch nicht unüblich war, häufig die militärischen Fronten zu wechseln. 1656 besiegten die Schweden gemeinsam mit den Brandenburgern bei Warschau die Polen. Aber schon bald waren aus den feindlichen Polen und Brandenburgern Bündnispartner geworden, die im engen Schulterschluß mit den Kaiserlichen gegen die Schweden antraten.

Erwähnenswert ist nur, daß die Brandenburger Truppen, nun ein stehendes Heer, im Nordischen Krieg wie vor Warschau militärisch auf sich aufmerksam gemacht hatten, so daß hier die eigentliche Geschichte des preußischen Heeres beginnt.

1674 nahm *Friedrich Wilhelm*, seinen Bündnisverpflichtungen folgend, gemeinsam mit dem Kaiser und den Generalstaaten an einem Feldzug gegen *Ludwig XIV.* von Frankreich teil, der allerdings schmählich für die Bündnispartner endete. In Kolmar erlitt der Kurfürst einen schweren Gichtanfall, der sich auf seiner Rückreise vom Rhein 1675 mit noch größerer Intensität wiederholte und ihn in Kleve für zwei Monate ans Bett fesselte. Inzwischen waren die Schweden auf Drängen Frankreichs in Pommern und Brandenburg eingefallen, und Generalfeldmarschall *Derfflinger* leitete den Rückzug der brandenburgischen Armee vom Rhein. Trotz andauernder Gichtschmerzen begab sich der Kurfürst wieder zu seinen Truppen, um die von den Schweden besetzte Mark Brandenburg und Pommern freizukämpfen.

Der Kurfürst, ständig von Gichtanfällen geplagt, mußte die Nächte im Wagen bei seinen Truppen zubringen. An der Entscheidungsschlacht von Fehrbellin im Jahre 1675, die in der brandenburgisch-preußischen Geschichte mit besonderem Stolz vermerkt wird, hatte *Friedrich Wilhelm* persönlichen Anteil, obwohl dieser unbeweglich und korpulent gewordene Mann zu der Zeit schon in den Sattel gehoben werden mußte. Seit der Schlacht von Fehrbellin wurde *Friedrich Wilhelm* „der Große Kurfürst" genannt.

Die Anfänge der religiösen Toleranz in Brandenburg-Preußen gingen auf *Johann Sigismund* zurück – aber *Friedrich Wilhelm* war es, der 1685 mit dem Edikt von Potsdam den reformierten Glaubensflüchtlingen aus Frankreich eine neue Heimstatt bot.

Im Oktober 1685 hatte *Ludwig XIV.* das Edikt von Nantes aufgehoben, das bis dahin die reformierten Christen in Frankreich geschützt hatte. Nun aber konnten sie wegen ihres Glaubens gejagt und verfolgt werden. Zehn Tage später erließ der Große Kurfürst das Potsdamer Edikt und lud die französischen Glaubensflüchtlinge nach Brandenburg-Preußen ein: „Wir *Friedrich Wilhelm*... thun kund nachdem die harten Verfolgungen womit man eine zeithero in dem Koenigreich Frankreich wider unsere der evangelisch reformierten Religion zugethane Glaubensgenossen verfahren. Viel Familien veranlasset aus selbigem Koenigreiche hinweg in andere Lande sich zu begeben. Dass wir dannenher aus gerechtem Mitleiden bewogen werden, denenselben eine sichere und freye Retraite in alle unsere Lande und Provincien in Gnaden zu offeriren."

Und sie kamen und fanden Religionsfreiheit, landesherrlichen Schutz und Steuerprivilegien. Aber sie kamen nicht wie Bittsteller mit leeren Händen – sie brachten ihre Erfahrungen mit und befruchteten Handwerk und Wissenschaft in der ziemlich unterentwickelten neuen Heimat, die durch die französischen Glaubensflüchtlinge, die Refugiés, aufblühte.

Der Kurfürst war indessen immer hinfälliger geworden. Die Gicht belastete ihn sehr, und er befürchtete ständig, daß sie ihn vollends hilflos machen würde. Allerdings fügte er auch in seinen letzten Lebensjahren seiner Gesundheit durch „Bechergelage, des Podagra nicht achtend" und Festessen ständig weiteren Schaden zu.

Ebenso hilflos wie sein Vater und Großvater, so korpulent und unbeweglich geworden, von Gichtschmerzen und Atemnot gequält, verbrachte er seine letzten Lebensjahre. Mit 68 Jahren erlöste ihn der Tod – auch *Friedrich Wilhelm* starb an der Brustwassersucht.

Der Große Kurfürst ist „den 29. Aprilis, Sontags vormittag, bald nach 9 Uhr, sanfft und seeligst in dem Herrn entschlaffen" wie es in dem Bericht von der am 1. Mai 1688 durchgeführten Sektion heißt, die sein Nachfolger, Kurfürst *Friedrich III.*, angeordnet hatte.

Daß *Friedrich Wilhelm* korpulent war, ist auf allen Bildern unschwer zu erkennen. Von daher nimmt es nicht wunder, wenn es im Obduktionsbericht dazu heißt: „. . . fand man das fett darunter (unter der Haut) über 3 bis 4 gute querfinger dick . . .", und es lautet weiter: „Hierauf öffneten Wir den Bauch, und schnitten unter dem nabel, das peritonaeum (Bauchfell) durch, da dan eine große quantität waßers aus der Höligkeit des unter leibs, uns entgegen lieffe, welches ohne Zweiffel die letzte Zeit, nachdem die Krankheit sich täglich verschlimmert, sehr zu genommen, zumahlen da die eußerlichen theile mit waßer schon gantz angefüllet, und die Tägliche gedräncke durch den urin Keinen . . . abgang gehabt haben." Ein späterer Befund liefert dafür eine mögliche Erklärung.

Die Befunde der Wassereinlagerung wiederholen sich auch bei

der Inspektion und Untersuchung des Brustraums: „Die Brust und deßen Cavität, war ungemein Kurtz und enge, in der Lincken höligkeit, war auch ungefehr ein quart Waßer... Das Pericardium (Herzbeutel) war mehr als das Diaphragma (Zwerchfell) angewachsen, sehr voll waßer."

Die Wasseransammlungen waren also generalisiert.

„Das Hertze war sehr ansehnlich groß und hatte vortreffliche große Cammern." Der Leberbefund war überraschend unauffällig, wenn es heißt: „Die leber hatte ihre proportionierliche... Größe, war auch guth von farbe und substantz..." Mit der Milz verhielt es sich ähnlich.

Diese letzten Befunde, wenn sie denn stimmen, verwundern schon, denn die Wasseransammlungen in Bauch- und Brusthöhle legen den Verdacht auf gestörte Organfunktionen der Leber und des Herzens doch sehr nahe.

Anders sah es mit den Nieren und der Gallenblase aus. Hier wie da wurden Steine gefunden: „Beide Nieren waren umb die Helfte Kleiner als sie sonsten gemeiniglich seyn, insonderheit war die lincke noch Kleiner als die rechte..." Und schließlich „...fand man 2 folliculos, od. Cavernutas..." sowie „...hin und wieder in dem fleische Viel Kleinen Grieß".

Ob *Friedrich Wilhelm* an Gallen- und/oder Nierenkoliken litt, dafür fehlen sichere klinische Hinweise. Die Todesursache selbst wird nicht namentlich genannt. Am wahrscheinlichsten sind Brustwassersucht und Lungenödem, d. h. der Kurfürst ist erstickt.

Wenn auch die königliche Würde erst durch seinen Nachfolger in das Haus kam, war er es doch, der den Boden für diese Statuserhöhung bereitet hatte. *Friedrich Wilhelm* selbst hatte dieser Gedanke noch ferngelegen. Er wollte lieber ein großer Kurfürst sein als ein kleiner König. Brandenburg-Preußen machte allerdings erst durch ihn auf sich aufmerksam, und seine Bedeutung für das Land ist unbestreitbar.

In seinem Politischen Testament von 1722 hatte sein Enkel, König *Friedrich Wilhelm I.*, über ihn gesagt: „Kurfürst *Friedrich Wilhelm* hat eine rechte Blüte in unser Haus gebracht...", und als *Friedrich der Große* mit seinen Generälen am Sarkophag seines Urgroßvaters stand, soll er gesagt haben: „Meine Herren, dieser hier hat viel für Preußen getan."

Friedrich I. (1654–1713)

Wenn ich alles habe, was zu der königlichen Würde gehört, warum soll ich da nicht auch trachten, den Namen eines Königs zu erlangen?

Friedrich I.

Ein solches Zeugnis wie dem Großen Kurfürsten konnte *Friedrich II.* dem ersten Preußenkönig, seinem Großvater, nicht ausstellen. Dieser König wurde von den preußischen Historikern über Jahrhunderte schlecht behandelt. Erst *Carl Hinrichs* hat ihm zweihundert Jahre später einen Platz in der Geschichte zugewiesen, auf dem sich recht gut sitzen läßt.

Daß man an *Friedrich I.* so achtlos vorbeiging, verdankt er im besonderen Maße seinem berühmten Enkel, der in seiner „Geschichte des Hauses Brandenburg" über seinen Großvater schrieb: „Er war klein und verwachsen; seine Miene war stolz, seine Physiognomie gewöhnlich... Ließ er sich fortreißen, geschah es aus Laune; war er sanft, so kam es von seiner Lässigkeit. Er verwechselte Eitelkeiten mit echter Größe."

Friedrich I. war von Kindheit an kränklich. Er trug einen Bukkel, den er durch eine große Allongeperücke zu verdecken suchte. Seine Engbrüstigkeit bereitete ihm Zeit seines Lebens Atembeschwerden, die am Ende mit Erstickungsanfällen einhergingen.

Viele seiner Eigenschaften wirken sympathisch: er war intelligent, gebildet und sanftmütig, allem Schöngeistigen gegenüber aufgeschlossen. Andererseits war er verweichlicht, labil und oberflächlich, leichtfertig und schwankend in seinen Entschlüssen.

Seine Verschwendungssucht, sein Hang zu hohlen Zeremonien und beispiellosem Prunk haben diesem typischen Barockfürsten später viel Kritik eingebracht, zumal er in der Politik ziemlich abseits stand und Korruption wie Mißwirtschaft stillschweigend duldete.

Um seine Rolle in der Geschichte ist er wahrlich nicht zu beneiden, denn zwischen einem solchen Vater wie dem Großen Kurfürsten und einem radikalen, aber sehr erfolgreichen Sohn wie *Friedrich Wilhelm I.* muß eigentlich jeder schlecht aussehen.

Man darf *Friedrich I.* aber keineswegs als notorischen Müßiggänger abtun, wie es leider oft getan worden ist, denn auch dieser Mann hat seine Verdienste, die sich ganz gut sehen lassen können.

Mit Zielstrebigkeit und Beharrlichkeit strebte er nach der Königskrone, und er hatte durchaus ein politisches Gefühl für den Zeitpunkt und das Machbare und bewies Durchhaltevermögen. Seit seinem Regierungsantritt als Kurfürst *Friedrich III.* von Brandenburg im Jahre 1688 war er von der Idee der Königswürde beseelt, auch wenn sein Vater noch der Überzeugung gewesen war, daß es besser sei, ein großer Kurfürst zu sein als ein kleiner König. Mit dem Ausbruch des Spanischen Erbfolgekrieges war *Friedrich*s Stunde gekommen und gegen ein Kontingent von 8000 brandenburgischen Soldaten akzeptierte Kaiser *Leopold I.*, daß sich *Friedrich* „... wegen seines Herzogtums Preußen ... vor einen König proklamieren und krönen lassen wird".

Am 18. Januar 1701 setzte sich Kurfürst *Friedrich III.* im Audienzsaal des Königsberger Ordensschlosses selbst die Krone auf. Alles war ein wenig verworren, weil die Kirche nicht gebührend ästimiert worden war, denn ohne ein sakrales Fundament war eine solche Selbstkrönung in den Augen des Papstes Blasphemie.

Nicht als Reichsfürst konnte und wollte *Friedrich* König werden, sondern als europäischer Souverän in seinem Herzogtum Ostpreußen, und so wurde aus Kurfürst *Friedrich III.* von Brandenburg auch König *Friedrich I.* in Preußen.

Karl Marx meinte über die Erlangung der preußischen Königswürde, daß es „etwas Lausigeres" in der Geschichte nicht gegeben habe. Wie oft in seinem Leben irrte er auch hier, denn diese Rangerhöhung Brandenburg-Preußens war eine außerordentliche Leistung *Friedrichs I.* wie es die Zukunft zeigte. Das Königreich Preußen wurde vom Kaiser, vom Zaren, von England, Holland und Dänemark spontan anerkannt, andere Länder folgten.

Es ist sicher keine Fehleinschätzung, wenn man die Erlangung der königlichen Würde als *Friedrich*s größte historische Leistung bezeichnet. Die Art und Weise, mit der er seine Rangerhöhung beging, mag aus heutiger Sicht befremden. Sie hat zugleich etwas Kindisches, über das man schmunzeln könnte, wenn nicht Millionen von Talern – konkret sechs Millionen – an den monatelangen Festfreuden hängen würden.

Friedrich I. brauchte Glanz und Prunk und lebte völlig über seine Verhältnisse als Souverän von Brandenburg-Preußen, das ja keineswegs reich zu nennen war. Bei ihm kamen Unmengen von

Getränken und Speisen auf die königliche Tafel – *Friedrich I.* war ein Schlemmer und Genießer trotz Gicht, krankem Magen und einer instabilen Gesundheit überhaupt.

Seine Prunkliebe und Prachtentfaltung kannten keine Grenzen. Als seine Gemahlin *Sophie Charlotte* im Sterben lag, sagte sie einer Hofdame: „... und ich verschaffe dem König den Anblick eines Leichenbegängnisses, der ihm Gelegenheit geben wird, alle Pracht zu entfalten." Es kam so, wie sie es vorausgesagt hatte. Der König feierte das „prächtigste Begräbnis aller Zeiten". Die Häuser in Berlin waren mit schwarzem Flor drapiert. 80000 Fremde waren gekommen, denen man es zeigte, daß man in Preußen auch anständig zu trauern verstand. Der königliche Hof hatte ein Jahr in Schwarz zu trauern.

Aber das alles war nur eine Seite des Königs, die häufig überbetont worden ist. Insgesamt sah die Bilanz, die *Friedrich I.* ziehen konnte, keineswegs schlecht aus. Die Baukunst erlebte geradezu unter ihm eine Konjunktur. Daß er sich dabei verschuldete, kreideten ihm seine Kritiker an.

Aus der Kurfürstenburg schuf *Andreas Schlüter* das Berliner Stadtschloß, ein Meisterwerk norddeutschen Barocks. Mit dem Reiterstandbild des Großen Kurfürsten hat sich *Schlüter* unsterblich gemacht, wie auch seine Masken der sterbenden Krieger im Lichthof des Zeughauses Zeugnisse vollkommener Bildhauerkunst wurden.

Die Politik seines Vaters versuchte *Friedrich I.* im wesentlichen fortzusetzen, und auch er gewährte Andersgläubigen Zuflucht in Preußen. Berlin wurde immer mehr zu einem Kolonistenzentrum, zur „Mutter der Vertriebenen", besonders für französische Refugiés.

Unter allen Hohenzollernherrschern war *Friedrich I.* gesundheitlich der labilste. Schon seine Jugend war von Krankheiten überschattet, so daß die Familie oft um ihn bangte. Schon frühzeitig litt er an Magenbeschwerden und unter Atemnot. Ein chronischer Husten begleitete ihn durchs Leben. Auch über Gichtanfälle wird berichtet und über häufige Kuraufenthalte zur Stärkung seiner schwächlichen Gesundheit.

Als er noch Kurprinz war, erkrankte *Friedrich* 1686 so schwer, daß seine Familie und seine Freunde um sein Leben bangten.

Viele Briefe aus jenen Tagen blieben erhalten. Am 17. Dezember 1686 schrieb ihm Prinz *Philip Wilhelm*, sein Bruder:

„Durchläuchtigster ChurPrintz

Hochgeehrtester Hertzallerliebster H bruder

Ich kan meine hertzliche freude über Ew. Lbd. glückliche genesung nicht genugsahm bezeugen. Ich dancke Gott daß er mir meinen allerliebsten Hn bruder auf welchen ich nebst Meinem Gnädigsten Hn Vater all mein vertrauen setze so gnädiglich erhalten, und bitte ihn daß er mit seiner Hülffe fortfahren und Ew. Lbd. noch lange jahre uns allen zu Trost und besten erhalten wolle: Zweiffele nicht Gott werde mein hertzliches Wünschen erhören, und Ew. Lbd. annetzo nach ausgestandener so grosser angst, tausentfältig dafür wieder erfreuen. Ew. Lbd. bitte dero brüderliche affection ferner stets zu continuiren gegen Ew. Lbd.

Gehorsamsten Getreuesten
Bruder und Diener
Philip Wilhelm“

Genesungswünsche dieser Art finden sich viel, alle aus demselben Monat.

Wer aber meint, daß *Friedrich* seiner schwächlichen Gesundheit gemäß gelebt hätte, der irrt, denn beim Feiern, im Essen wie im Trinken entwickelte er dieselben Leidenschaften wie sein Vater, wie alle seine Vorfahren.

Sein Ende war erbärmlich, es war ein reines Siechtum, das durch ein schlimmes Erlebnis verkürzt wurde.

Friedrich I. hatte 1708 in dritter Ehe die Prinzessin *Sophie Luise* von Mecklenburg-Schwerin geheiratet. Der Umstand, daß man ihm glauben machen konnte, seine Schwiegertochter, die Kronprinzessin, werde keinen Thronfolger zur Welt bringen können, soll seine Wiederverheiratung hauptsächlich bewirkt haben. So begab er sich – gewissermaßen für sein Haus – zur Stärkung seiner eigenen Potenz auf eine Wasserkur nach Karlsbad, wenn auch seine Schwiegertochter durch die Geburt ihres ersten Sohnes schon das Gerücht widerlegt hatte.

Die Mecklenburgerin hatte, offenbar familiär bedingt, eine Schizophrenie. In ihren Wahnvorstellungen tobte sie in ihren Gemächern, riß sich die Haare aus und die Kleider vom Leib, und in solch einem Zustand geistiger Verwirrung überfiel sie, dabei eine Glastür zerschlagend, blutüberströmt den im Lehnstuhl sitzenden hinfälligen König.

Auf diesen Schock hin reagierte er mit Fieber und mußte ins Bett gebracht werden, das er nun nicht mehr verlassen sollte.

Seine Frau wurde in das Residenzstädtchen Grabow in Mecklenburg zurückgeschickt – aber an dem Zustand des Königs änderte das nichts mehr. Nach sechs Wochen war er tot.

König *Friedrich I.* starb am 25. Februar 1713 an der Brustwassersucht – genau wie sein Vater, sein Großvater und Urgroßvater, wie die meisten Hohenzollern.

Auch wenn nun über Preußen die Sonne unterging und der Glanz verblaßte erhielt *Friedrich* doch das ihm angemessene Begräbnis. Sein Sohn und Nachfolger, *Friedrich Wilhelm I.*, hatte sich seinem Vater gegenüber immer loyal und korrekt verhalten.

Und so erfolgte seine Beisetzung mit allen barocken Ehren. Seine sterbliche Hülle verschwand in einem Prunksarkophag, von der Hand *Andreas Schlüters* gefertigt.

Jener Hof, den *Friedrich I.* anführte, ist so fern von uns, daß sich einem die Haare sträuben, wenn man liest, was *Niebuhr* schon zu Beginn des 19. Jahrhunderts über ihn sagte: „Der Hof *Friedrich*s war, wie alle damaligen deutschen Höfe, unbeschreiblich widerlich, er war roh und frivol zugleich. Es gibt keine ekelhaftere Frivolität, als die bei unsern Vorfahren in der letzten Hälfte des siebzehnten Jahrhunderts. Dieser Vorwurf trifft den Hof *Friedrich*s in vollem Maße."

Auch hier folgte auf Ausschweifungen und Sinnlichkeit eine widerliche Frömmelei – übrigens keine seltene Mischung, auch heute nicht.

Kurfürst Georg Wilhelm (1619–1640)

Friedrich Wilhelm der Große Kurfürst (1640–1688)

König Friedrich I. (Kurfürst ab 1688, König von 1701–1713) – der erste Preußenkönig

König Friedrich Wilhelm I., der „Soldatenkönig" (1713–1740)

Friedrich Wilhelm I. (1688–1740)

»... ich komme zu meinem zweg und stabiliere die Krohne ferst wie ein Rocher von Bronse und laße die herren juncker den Windt vom Landtdahge ...«

Friedrich Wilhelm I.

Friedrich Wilhelm I., der den Beinamen „der Soldatenkönig" trägt, war der Schöpfer des preußischen Militär- und Beamtenstaates. Ohne ihn hätte es das Preußen, wie es sich dem Kenner und Betrachter später präsentierte, wohl kaum gegeben, denn mit der Kraft und dem Elan seiner Vollblutnatur formte er sein Königreich nach seinem Bilde und stellte es ökonomisch und militärisch auf eine solide Basis.

Als *Friedrich Wilhelm* 1713 die Regierungsgeschäfte übernahm, war das Land, dessen Souverän sich am 18. Januar 1701 selbst die Königskrone aufgesetzt hatte, im wesentlichen bedeutungslos – als er am 31. Mai 1740 starb, stand Preußen an der Schwelle zur Großmacht. Diese stürmische Entwicklung vom Status eines Hinterwäldlers zum ungestüm vorwärtsdrängenden Aufsteiger verdankte Preußen einem einzigen Mann: dem Soldatenkönig.

Das dynamische Entwicklungstempo seines Staates war ein Spiegelbild seiner selbst, denn alles ging dem König zu schleppend, überall sorgte sein gefürchtetes „Cito, Citissimo" für Bewegung und Eile – die Zeit der Beschaulichkeit und des Schlendrians war im Preußen *Friedrich Wilhelms* dahin.

Der König selbst war allgegenwärtig: von ihm kamen die Ideen und Orders, und er selbst kontrollierte ihre Ausführung. Er war der erste Vorarbeiter seines Landes, er war der diensteifrigste Soldat, und er war die oberste Aufsichtsbehörde Preußens, der nichts entging. Die Rechenschaft war oft fürchterlich. Noch heute weiß man um die Verurteilung Leutnant *Kattes*, der den Tod aus den Händen des Königs hinzunehmen hatte, weil er Kronprinz *Friedrich* zur Flucht verhelfen wollte. Dem König aber schien es angemessener, *Kattes* Tod zu verfügen, als die Gerechtigkeit aus der Welt zu schaffen, wie er sie verstand.

Über diesen spartanischen König, dessen ungeschliffene Manieren an den prunkliebenden Höfen Europas natürlich für Aufsehen und ständigen Gesprächsstoff sorgten, schüttelte man verächtlich und ängstlich den Kopf, denn schließlich verdarb der auch die Preise.

Aber *Friedrich Wilhelm*s Selbstbewußtsein war durch nichts zu brechen. Was scherte ihn Europa, was kümmerten ihn seine genußsüchtigen Amtskollegen auf anderen Thronen?! Er hatte sich Preußen zur Lebensaufgabe gemacht und stellte sich selbst unter die Zwänge seines Staates, die er ihm aufgebürdet hatte. Aus diesem Sog kam er nicht heraus, selbst dann nicht mehr, als seine Krankheiten ihn hilflos und anflugweise demütig machten.

Das Bau- und Manufakturwesen in Preußen nahm unter *Friedrich Wilhelm* einen kräftigen Aufschwung, ganz zu schweigen vom Militärwesen, das unter einem solchen „Obristen und Corporal" förmlich aufblühte. Als der König starb, hinterließ er seinem Sohn die modernste und schlagkräfigste Armee Europas, aber er hinterließ ihm auch eine stattlich gefüllte Staatskasse.

Seine Wirtschaft hatte floriert und rentabel gearbeitet – weniger rosig stand es um die Kunst und Wissenschaften, die unter der Schirmherrschaft eines solchen Praktikers förmlich ums Überleben kämpften.

Im Unterschied zu seinem geistreichen Sohn war der Soldatenkönig kein Mann von großen Worten, schon gar nicht von philosophischen Reden oder gar poetischen. Der Philosophie stand dieser königliche Hauswirt skeptisch und mißtrauisch gegenüber – er hielt es lieber mit der Theologie. Da er ein gottesfürchtiger Mann war, war er mit seinem Schöpfer stets im Reinen.

Dieser König, der eigentliche Schöpfer Preußens, hat im Urteil der Nachwelt nicht gut abgeschnitten, im Gegenteil. Besonders schwer hat sich die preußische Geschichtsschreibung mit ihm getan, für die *Friedrich Wilhelm*s Sohn, *Friedrich der Große*, alles überstrahlte. Korrekt ist das nicht, wie es auch keiner Prüfung standhält. Im Gegensatz zu seinem charmanten und außerordentlich erfolgreichen Sohn mußte *Friedrich Wilhelm*s Bauernnatur, die immer berechenbar und ehrlich war, peinlich auf seine Zeit wirken. Genau das war die Tragik im Leben dieses Mannes, den man vielleicht den wichtigsten, auf jeden Fall aber den originellsten Preußenkönig nennen darf.

*Friedrich*s Erfolge mindert das nicht – aber *Friedrich* war auch ein Glückskind, ein Spieler mit hohen Einsätzen – und er gewann. Aber ebensogut hätte er auch verlieren können, und Preußen wäre mit ihm zu Grabe getragen worden. *Friedrich Wilhelm* aber war nie ein Spieler, er war ein Rechner, ein kluger und vorsichtiger Mann. Seine brillante Armee setzte er nie ein – er ließ andere in Ruhe, wenn sie ihn in Ruhe ließen. Sein großer Sohn aber führte die väterliche Armee sofort auf die Schlachtfelder – und er gewann. Den Ruhm heftete er an seine Fahnen, seinem Vater blieb das versagt, oder richtiger gesagt: der wollte solchen Ruhm nicht. Das alles spricht mehr für *Friedrich Wilhelm I.* als gegen ihn, womit ihm aber nicht zugleich ein Freibrief für alle seine Missetaten ausgestellt werden soll. Denn gleichermaßen muß gesagt werden, daß dieser König, wenn der Ausdruck gestattet ist, sich regelrecht durchs Leben geholzt hat. Man fürchtete zu Recht seine ständigen Wutanfälle und seine entsetzliche Prügelsucht, die nur seine Frau und seine Offiziere verschonte. Seine Späße, besonders im Tabakskollegium, waren grob und einfallslos, seine Jagd auf Menschen, konkret auf „lange Kerls", die er in ganz Europa veranstaltete, machte ihn auch im Ausland zur Schreckensfigur.

Seine gefürchteten Zornesausbrüche hatten ihre Ursachen nicht nur in seiner Temperamentslage, sondern in zunehmendem Maße auch in seinen Krankheiten.

Mit 38 Jahren stellten sich erste Gichtanfälle ein und zwar mit einer solchen Heftigkeit, daß er damals schon zeitweilig ans Bett oder an den Rollstuhl gefesselt war. Wassersucht und Kurzatmigkeit machten seine letzten Lebensjahre zur reinsten Qual. Die Gicht bereitete ihm schlaflose Nächte und solche Schmerzen, daß er sich häufig mit Abdankungsgedanken trug. 1729 schon, also mit 41 Jahren, schrieb er: „Denn sterben ist sanfft, aber dieses leiden unertreglich, aber viehisch ist..."

Während seiner Schmerzenslager nahmen Grobheiten und Gewalttätigkeiten ständig zu – nach einer Begegnung mit dem König sehnte sich niemand mehr.

Verschwiegen werden darf natürlich nicht, daß *Friedrich Wilhelm* im Essen wie im Trinken maßlos war. Natürlich hatte er die Gicht geerbt, aber die häufigen Anfälle provozierte er selbst. Frühzeitig schon hatte er seine Gesundheit durch Trunk und Völlerei ziemlich ruiniert. Merkwürdig bleibt, daß man im dienstlichen Bereich vergebens nach dieser Disziplinlosigkeit sucht.

Auch *Friedrich Wilhelm* praktizierte den Gedanken der religiösen Toleranz und setzte die gute preußische Tradition auf diesem Gebiet fort.

Als der Erzbischof von Salzburg, *Graf Firmian*, zur Verfolgung der lutherischen „Ketzer" aufrief und vom Kaiser zur Durchsetzung seiner Unterdrückungs- und Verfolgungsmaßnahmen noch 3600 Soldaten erhielt, schritt *Friedrich Wilhelm* ein und erließ am 2. Februar 1732 sein Einwanderungspatent, womit er alle verfolgten Lutheraner aus dem Salzburger Land nach Preußen einlud. Und sie kamen, denn der Preußenkönig beließ es nicht bei verbalen Protesten und Bittgottesdiensten. Er übte Tatchristentum und bot ihnen eine neue Heimat, Religionsfreiheit, Land und Steuerprivilegien.

1734 erkrankte der König so schwer, daß Europa mit seinem Ableben rechnete. Dieser Mann, nur 1,65 cm groß, soll fast dreihundert Pfund gewogen haben. Herzbeschwerden und Kurzatmigkeit, begleitet von Gichtanfällen, zwangen ihn für ein halbes Jahr ins Krankenbett.

Aus diesen Tagen stammt ein ärztliches Bulletin, das „Journal von Sr. Königl. Majestaet Kranckheit. Vom 14. September 1734. Bis den 20. Januar 1735...

Potsdam, den 16. October 1734

... Da nun Ihro Königliche Majestät wie es scheinet, ex hereditaria guadam dispositione, so wohl zum affectu hypochondriaco als podagrico, geneiget gewesen, und auch genugsam bekandt, daß die dolores arthritici so wol in Händen als Füßen, nicht genugsam abgewartet sind, auch wohl gar Verhindert worden heraus zu kommen, auch wohl gar Zurückgetrieben sind, so ist gantz klar und deutlich zu erweisen, wie Ihro Königliche Majestät zu diesem Affectu asthmatico gekommen sind..."

Aber *Friedrich Wilhelm*s Bärennatur war diesmal noch stärker, und der Tod mußte noch sechs Jahre auf ihn warten.

In seinen Leidenszeiten widmete sich der König der Malerei. Die Gicht war es, die ihn verzweifelt zum Pinsel greifen ließ, und so entstanden seine naiven, aber oft originellen Gemälde, über deren künstlerischen Wert Zweifel nie aufkamen, auch wenn der

König sich kollegial zwischen Cranach, Raffael, Rembrandt und van Dyck plazierte. Das Schloß Kossenblatt scheint sein „ausgewählte(r) Ort für Podagra und Malerei gewesen zu sein", denn hier entstanden seine schlichten Bilder, sozusagen am Fließband. Der König wußte, daß er im exklusiven Club der berühmten Meister einen Platz von Dauer nicht finden konnte, aber er fand Ablenkung von seinen Schmerzen. Und so versah er seine Bilder mit dem Signum „In tormentis pinxit" – in Schmerzen gemalt. Hätten seine Vorgänger und Nachfolger seine künstlerischen Neigungen an der Staffelei geteilt, auch sie hätten ihre Gemälde so signieren müssen, denn mit der Gicht konnten auch sie aufwarten.

Die letzten Jahre des Königs waren reine Leidensjahre. An den Rollstuhl gefesselt, verbrachte er die Nächte meist sitzend. Die Gichtschmerzen hatten ihn gelähmt und schränkten seinen Aktionsradius immer weiter ein. Aber geistig blieb er hellwach – und seine Orders und sein gefürchtetes „Cito-Citissimo", selbst wenn sie aus dem Bett kamen, ließen zu keiner Zeit auf sich warten. Sein Siechtum wurde durch die hochgradige Atemnot ständig verschlimmert – der König war ein Bild des Jammers.

Kurz vor seinem Ableben beschrieb *Freiherr von Bielfeld* ihn so: „Seine Augen sind zwar schön, aber sein Anblick ist fürchterlich. Die Farbe des Gesichts schattiert in Rot, Blau, Geld, und Grün. Der dicke Kopf steckt tief in den Schultern; die ganze Figur ist kurz und gedrängt."

Am 31. Mai 1740 starb *Friedrich Wilhelm I.* im Alter von 51 Jahren. Er war erstickt.

Friedrich II. der Große (1712–1786)

Daß der Arrestant Gott gelästert hat, ist ein Beweis, daß er ihn nicht kennt; daß er mich gelästert hat, vergebe ich ihm; daß er aber einen edlen Rat gelästert hat, dafür soll er exemplarisch bestraft werden und auf eine halbe Stunde nach Spandau kommen.

Friedrich der Große

Friedrich der Große ist nicht nur der bedeutendste, sondern auch der bekannteste und wohl auch der populärste Preußenkönig. Von daher erübrigt sich fast seine Vorstellung, denn seine biographischen Eckdaten sind auch heute noch im großen und ganzen bekannt.

Er nahm *Maria Theresia* das reiche Schlesien und riskierte dafür fast den Untergang Preußens, auf jeden Fall aber riskierte er drei Kriege. Am Ende war er der Sieger und Schlesien war sein. Die siegreichen Schlachten im Siebenjährigen Krieg machten *Friedrich* zu dem Helden, als der er aus den Geschichtsbüchern bekannt ist. Die Schlachten von Roßbach, Leuthen und Zorndorf sind immer Preußens Stolz gewesen. Zu Recht übrigens, denn *Friedrich* trotzte einer Übermacht der Österreicher, Franzosen, Russen, Schweden und der Reichsarmee und war doch bis dahin nichts als der König eines wenig beachteten Landes. Was in diesem Staat steckte, erfuhr Europa nun – es war nicht allein *Friedrich*s Verdienst, sondern mehr noch das seines Vaters.

Aber *Friedrich*s Verdienst war es, daß er das vom Vater angehäufte Machtpotential in militärische und politische Erfolge ummünzen konnte; und seine genialen Feldherreneigenschaften kann ihm bei all seiner Leichtfertigkeit und Unbesonnenheit niemand absprechen, denn als es ernst wurde, stand er für alles ein, ohne jede Rücksicht gegen seine eigene Person.

Mit der Angliederung Schlesiens und der unblutigen Inbesitznahme Westpreußens und des Netzedistrikts hat er den Gebietskörper Preußens fast verdoppelt.

Friedrich der Große hat aber auch auf anderen Gebieten auf sich aufmerksam gemacht, denn als Sohn der Aufklärung und Schüler *Wolff*s und *Voltaires* versuchte er deren Ideen in das gesellschaftliche Leben einzuführen. Geistige Toleranz wurde nicht nur von ihm vorgelebt, sondern staatlich in Preußen zugelassen, ja, gewissermaßen verordnet. Am fruchtbarsten war der Toleranzgedanke auf dem Gebiet der Religionen. In Preußen konnte unter *Friedrich dem Großen* jeder glauben, was er wollte – er konnte Protestant, Katholik, Jude oder Mohammedaner sein. Das mußte in einer Zeit religiöser Intoleranz Aufsehen erregen – denken wir nur an das katholische Österreich *Maria Theresia*s oder auch an Frankreich, von Polen ganz zu schweigen.

Die grobschlächtige Männergesellschaft des väterlichen Tabakskollegiums verfeinerte er zur Tafelrunde von Sanssouci, zu der sich Männer von Geist zusammenfanden. *Friedrich der Große* liebte die Philosophie, die Musik und die Literatur und stand mit den aufgeklärtesten Männern seiner Zeit in Verbindung. Am engsten war wohl sein Kontakt zu *Voltaire*, der von 1750 bis 1753 sein Gast in Potsdam war.

Es nimmt also nicht wunder, daß *Friedrich* noch einen weiteren Beinamen hat: der „Philosoph von Sanssouci". Und um seine ganze Persönlichkeit zu beleuchten, darf nicht vergessen werden, daß dieser König noch einen dritten Beinamen an seine Person heften konnte, der seine Popularität im Volke widerspiegelt: „der Alte Fritz".

Es muß schon etwas Besonderes um diesen Mann gewesen sein, der sich als genialer Schlachtenlenker bis heute Ruhm verschafft hat, der als kluger Staatswirt Handel und Wandel, Industrie und Landwirtschaft mit nimmer müdem Eifer in seinem Lande förderte, der Toleranz praktizierte und seinen leitenden Ministern und Geistlichen verordnete, der sich selbst zum „ersten Diener seines Staates" machte.

„*Friedrich der Große*", „der Philosoph von Sanssouci" und „der Alte Fritz" – das sind Attribute, die sich niemand selbst beilegen kann – das sind Ehrentitel für Verdienste, die allein das Volk verleiht. Dahinter stecken Leistung, Anerkennung und Bewunderung.

Als *Friedrich der Große* 1786 starb, stand Preußen nicht mehr an der Schwelle zur europäischen Großmacht – es war eine europäische Großmacht.

Hinsichtlich seiner Krankheiten war auch *Friedrich* ein typischer Hohenzoller. Er hatte schon mit 34 Jahren seinen ersten Gichtanfall, nach einer Aufzeichnung seines letzten Leibarztes Dr. *Selle* sogar schon mit 29 Jahren. *Friedrich* schrieb am 4. Juni 1746 aus Pyrmont, wo er sich zur Kur aufhielt: „Ich habe die Gicht gehabt; und das ist so sicher, daß ich noch jetzt einen geschwollenen Fuß habe. Das ist vorzeitig." Allerdings war es das, denn *Friedrich* war erst 34 Jahre alt.

Das macht die erbliche Disposition besonders deutlich, denn wir hatten eingangs festgestellt, daß eine Vererbung um so wahrscheinlicher ist, je früher sich die Gicht meldet.

Unabhängig vom genetischen Hintergrund sorgte der ansonsten so disziplinierte König für so manchen Gichtanfall selbst, denn im

Essen und Trinken sucht man auch bei ihm vergebens nach Mäßigung und Disziplin.

Noch zwölf Tage vor seinem Tod ließ er sich ein Menü bereiten, das aus elf Gängen bestand, darunter Blumenkohlsuppe, paniertes Rindfleisch, Koteletts, Salm, Rinderzunge, Waffeln, grüne Erbsen, frische Heringe und saure Gurken, wozu er noch eine Bouteille Sekt trank.

Derart üppige, mit einer Vielzahl von scharfen Gewürzen zubereitete Mahlzeiten, die er entgegen ärztlichem Rat immer wieder einnahm, wenngleich er das seinen Ärzten, Freunden und Gästen gegenüber ständig und beharrlich bestritt, sowie die körperlichen und seelischen Strapazen, namentlich während des Siebenjährigen Krieges, haben sein Gichtleiden kontinuierlich verschlimmert und viele schmerzhafte Anfälle ausgelöst. Seine Schrift war „wie mit dem Krückstock gehauen" und wurde nach und nach unsicherer, eine Folge der Gicht.

Seit seinem 35. Lebensjahr hielt *Friedrich* sich für einen alten, sterbenskranken Mann. Vierzigjährig schrieb er seinem Bruder *August Wilhelm* voller Resignation: „Ich bessere ein altes Bauwerk aus, das im Begriffe ist zusammenzubrechen: während ich mit dem Dach beschäftigt bin, fängt das Fundament an zusammenzufallen."

Nach dem Siebenjährigen Krieg schrieb er der Königin: „Ich werde nicht mehr lange leben, ich gehe schlecht und kann gar keine Treppe mehr steigen."

In den Akten des Geheimen Staatsarchivs Preussischer Kulturbesitz in Merseburg finden sich folgende Angebote über Arzneien gegen die Gicht für *Friedrich den Großen*:

- Angebot eines Mittels gegen Podagra an König *Friedrich II.* durch Don *Anselmo Gago Montenegro de Sotoma* aus Spanien. Juni 1780 – Juli 1780

  und
- Überreichung eines Rezeptes des solarischen Balsames durch den hessischen Hofrat *Johann Ludwig von Reissenbach* an König *Friedrich II.* Januar 1781

  oder
- Angebot einer Arznei gegen Gicht für König *Friedrich II.* durch den Advokaten *Lassuse* aus Saarburg in Lothringen. Juli 1784.

Krankheits-Journal von 1734/35

„Bohnenkönig“ – Gemälde Friedrich Wilhelms I.

König Friedrich II. der Große (1740–1786)

König Friedrich Wilhelm II., „der dicke Wilhelm“ (1786–1797)

Bei einer Truppenschau im Herbst 1785 in Schlesien, also ein knappes Jahr vor seinem Tode, hatte sich der König stundenlang dem Regen und der Kälte ausgesetzt. Er mußte bitter zahlen dafür, denn zu den Gichtanfällen kamen solche asthmatischen Beschwerden hinzu, daß er seine Nächte überwiegend im Lehnstuhl zubringen mußte.

Am 17. August 1786 starb *Friedrich der Große* – wie seine Vorfahren starb auch er an Brustwassersucht.

Friedrich Wilhelm II. (1744–1797)

Stets in Gefahr zu stehen, durch Sünde die Gnade Gottes zu verlieren, dieses beunruhigt mir ungemein und verbittert mein Leben, besonders da mein weltlicher Posten dem Heil meiner Seele so höchst gefährlich ist.

Friedrich Wilhelm II.

In der Familienanamnese *Friedrich Wilhelms IV.* ist zu lesen: „Großvater (also *Friedrich Wilhelm II.*) starb 54-jährig an Wassersucht und litt an Asthma und Gicht. Vater starb 70-jährig an einer Lungenentzündung. Über die familiäre Belastung durch Gicht bestehen keine Zweifel."

Es nimmt nicht wunder, daß auch *Friedrich Wilhelm II.* bei seiner Familienanamnese gichtmäßig in die Fußstapfen seiner Vorfahren trat. Aber das war auch das einzige, ansonsten hält er einen Vergleich mit seinem asketischen Onkel, *Friedrich dem Großen*, und mit seinem spartanischen Großvater, *Friedrich Wilhelm I.*, wohl kaum aus.

Otto Hintze charakterisierte den König so: „(Er war) ein bequemer Genußmensch, der wohl die besten Absichten hatte, aber nicht die Geistes- und Willensstärke und vor allem nicht die Ausdauer und Arbeitskraft, deren es bedurft hätte, um die Regierung im Sinn und Geist des großen *Friedrich* fortzuführen..."

Friedrich Wilhelm II. hat in der preußischen Geschichtsschreibung immer ein kümmerliches Dasein geführt, und das hauptsächlich aus Gründen seiner Moral, mit der es wirklich nicht am besten stand, aber politisch war dieser König durchaus erfolgreich.

Er vergrößerte Preußen fast um das Doppelte seines Territoriums und das überwiegend unblutig. Die politisch-moralische Seite der zweiten und dritten polnischen Teilung relativiert diesen Erfolg – aber der Sündenbock war nicht allein Preußen, sondern gleichermaßen Rußland und Österreich.

Sein zügelloses Leben kann man verurteilen, seine Ehrlichkeit dagegen verdient Anerkennung.

Als junger Prinz von 23 Jahren verliebte sich *Friedrich Wilhelm* in die 16jährige *Wilhelmine Enke*, Tochter eines Potsdamer Musikers. Dieses bürgerliche Mädchen wurde, wenn der Ausdruck nicht zu platt ist, zur Liebe seines Lebens.

Obwohl zweimal verheiratet, konnte seine Bindung zu *Wilhelmine Enke* nicht gebrochen werden. Ihre fünf Kinder waren *Friedrich Wilhelm*s Kinder. Als sich *Friedrich Wilhelm* schließlich unter dem Druck des Rosenkreuzerordens, einer theosophischen Geheimgesellschaft mit religiösen Weltverbesserungsideen, die der sinnlichen Zügellosigkeit des Prinzen entgegentrat, von *Wilhelmine Enke* trennte, war das noch nichts als ein Lippenbekenntnis.

Wilhelmine wurde zwar auf *Friedrich Wilhelm*s Drängen eine Frau *Ritz*, die Frau seines Kammerdieners – aber sie kam zurück nach Berlin, denn auch sie liebte diesen König. 1794 wurde aus *Wilhelmine Enke* oder Frau *Ritz* die Gräfin *Lichtenau* – der König hatte seine einstige Geliebte, beste Freundin und Ratgeberin gesellschaftsfähig gemacht. Bis zu seinem Tode blieb die Gräfin *Lichtenau* seine beste Freundin und Beraterin, die ihn selbstlos und hingebungsvoll pflegte.

Man kann zu diesem illegitimen Verhältnis stehen wie man will – und *Friedrich Wilhelm II.* war natürlich in Hofkreisen, die sich wahrscheinlich in Ehrlichkeit mit ihm nicht messen konnten sozusagen ein amoralischer „Dauerbrenner“ und ein vielberedeter Mann in Europa – er aber stand zu dieser Frau.

Dennoch gibt es Verhaltensweisen in seinem Leben, die man eigentlich ungern erwähnt. Es wirkt unangenehm bis abstoßend, daß sich dieser König, obwohl verheiratet, nacheinander mit zwei weiteren Frauen – es waren Hofdamen der Königin – trauen ließ, zur „linken Hand“ wie es hieß. Seine erste zweite Gemahlin wurde eine *Julie von Voß*, seine zweite die Gräfin *Sophie Dönhoff*.

Die Kirche machte diese laxe Moral mit, und das Oberkonsistorium berief sich dabei auf die Absegnung der Doppelehe des Landgrafen *Philipp von Hessen* durch *Martin Luther* und *Philipp Melanchthon*.

Zum ausschweifenden Privatleben *Friedrich Wilhelms II.*, das seinem Ruf in der Geschichte natürlich schadete, mag das genug sein. Seine Mätressen und Nebenfrauen hat man diesem Mann nie verziehen, zumal es das am preußischen Hof nicht gegeben hatte.

Bei allem war *Friedrich Wilhelm II.*, besonders zu Beginn seiner Regierungszeit, äußerst populär und beliebt.

Er liebte Festgelage und war allen irdischen Genüssen verfallen – er trank und aß nach Herzenslust, war dabei fromm und sinnlich. Seine äußere Erscheinung war ein Spiegelbild seiner Leidenschaften – und so erhielt auch er einen Beinamen, „der dicke Wilhelm".

Eine weitere Seite seines Lebens sollte nicht unerwähnt bleiben: sein Hang zum Mystizismus. Im Laufe der Zeit gewannen sein Minister *Wöllner* und der General *von Bischoffwerder*, beide aktive Rosenkreuzer, immer mehr Gewalt über ihn, bis sie am Ende seinen Staat regierten.

Auf *Bischoffwerder*s Sitz in Marquardt bei Potsdam, wo sich der König gern aufhielt, wurden christlich verbrämte okkultistische Veranstaltungen mit Geisterbeschwörungen inszeniert, denen auch der König gelegentlich beiwohnte.

Bischoffwerder war es, der in den letzten Tagen des Königs Briefe über dessen gesundheitlichen Zustand an den Kronprinzen schrieb. Er blieb der engste Vertraute *Friedrich Wilhelms II.* – nach dessen Tod sollte sich seine Position am Hof spontan ändern. Der General hatte das gewußt.

In seiner Regierungszeit setzte *Friedrich Wilhelm II.* einige Dinge in Gang, die durchaus hervorhebenswert sind. 1787 führte eine Schul- und Bildungsreform zur Vereinheitlichung des Unterrichtswesens. 1794 trat unter *Friedrich Wilhelm* endlich das „Allgemeine Landrecht für die preußischen Staaten" in Kraft, das schon unter *Friedrich dem Großen* und *Friedrich Wilhelm I.* vorbereitet wurde. Im zivilrechtlichen Teil hatte es Bestand bis zum Inkrafttreten des BGB im Jahre 1900.

1793 und 1795 kam es zur zweiten und dritten Teilung Polens, das damit bis zum Bug preußisch wurde und zugleich von der europäischen Staatenkarte verschwand.

Als es 1794/95 zu einem polnischen Aufstand unter *Tadeusz Kosciuszko* kam, wurde dieser durch Preußen und Rußland niedergeschlagen.

Spätestens seit dem Polenfeldzug 1794 stellten sich bei *Friedrich Wilhelm* irreversible Gesundheitsschäden ein. Brustwassersucht, Gichtbeschwerden und Schlaganfälle hatten seine letzten Lebensjahre verdüstert.

Die Kuraufenthalte 1796 und 1797 in Pyrmont hatten bestenfalls eine zeitweilige Linderung gebracht – die gewünschte und erhoffte Erleichterung der Atmung war ausgeblieben. Die zunehmende Brustwassersucht war unverkennbar. Sie bereitete dem König solche Atemnöte, daß er kaum noch liegen konnte. Ab September 1797 nahmen seine Kräfte rapide ab – Gichtschmerzen und Atembeschwerden machten ihn immer hinfälliger.

Daran änderte auch ein Herr *von Randel*, seines Zeichens Chemiker, mit seiner sogenannten Lebensluft, eine „dephlogistisirte Luft" aus Braunstein und Salpeter, nichts mehr. Die mit Lebensluft gefüllten Bälle wurden in die königlichen Räume geschafft, wo die Luft aus Schläuchen in die Atmosphäre entlassen wurde, „um sie der ähnlich zu machen, welche zur Sommerszeit in den Waldungen geathmet wird". Angeblich konnte der König nun besser schlafen und sich wieder durch den Garten fahren lassen.

Aber schon am 9. Oktober traf ihn ein Schlaganfall, der von seinen herbeigerufenen Ärzten als ein „Schlagfluß ähnlicher Zufall" beschrieben wurde. Diesmal hatte es nicht nur seinen Körper, sondern auch seinen Geist getroffen. Von der Wahrnehmung seiner Regierungsgeschäfte konnte nun keine Rede mehr sein.

Am 8. November mußte der Generalchirurg *Görke* zu täglichen Verbandswechseln gerufen werden, da sich beim König durch das ständige Sitzen und Liegen ein Dekubitus (Druckgeschwür) entwickelt hatte.

Dem König war es nicht vergönnt, das Zepter seiner Regierung bis zu seinem Tod in eigenen Händen zu behalten – er mußte die Regierungsgeschäfte seinem Sohn übertragen. Die Folgen des Schlaganfalls und Gichtschmerzen lähmten seinen Körper und Geist.

Die Übertragungsakte der Regierungsgeschäfte auf seinen Sohn endet: „... oder auf den Fall, daß seine Majestät Selbst zu unterzeichnen außer Stande wären: Gegenwärtige Übertragungs Acte haben Wir Uns wörtlich vorlesen laßen und nach ihrem ganzen Inhalt nochmals vollkommen genehmigt. Da Wir Uns jedoch, wegen der großen Schwäche unsrer Hand außer Stande befinden, selbige eigenhändig zu vollziehen; so ist dieselbe auf Unsern ausdrücklichen Befehl, in Unsrer Gegenwart von Unserm Etats und Cabinets Minister Grafen *von Haugwitz* unterzeichnet; auch demnächst mit Unserm Königlichen Insiegel bedruckt worden..."

Also nicht einmal zum Unterzeichnen eines Schriftstücks war der König mehr in der Lage.

Eine Woche vor seinem Tode schrieb *Bischoffwerder* dem Kronprinzen: „Sr. K. M. haben befohlen, daß der Gen: Chir: *Görke* hier bleibe... Gestern Abends beim Schlafengehen zeigte sich ein besonderes Phaenomenon, Das Innere der rechten Hand war voll einer weißen klebrigen Feuchtigkeit, und diesen morgen war die Hand in einem ganz natürlichen Zustande, die linke hingegen ist sehr geschwollen, der Unterleib und die Oberen Schenkel sind sehr angetrieben, der untere Theil der Füße ist merklich abgefallen, am linken Beine zeigt sich aber eine Röthe welche Entzündung befürchten läßt. Sr. K. M. sind übrigens sehr heiter, nehmen an der Conversation Theil und haben mit gutem Appetit gegeßen.

Potsdam d. 9. Nov. 1797

Bischoffwerder"

Siechtum und Schmerzen nahmen nun von Stunde zu Stunde zu. Zwei Tage vor Eintritt des Todes, den der König nun ahnte, sagte er: „Ich fühle, daß wir uns bald werden trennen müssen", und er fügte hinzu: „Ich habe meine Pflicht gethan."

Der 16. November brach an. Seine Atemnot machte ein Liegen unmöglich, und so ließ er sich um ein Uhr nachts ankleiden, wurde um vier Uhr bewußtlos und drohte zu ersticken. Nach mehreren Erstickungsanfällen trat der Tod um acht Uhr 58 Minuten ein. König *Friedrich Wilhelm II.* war erstickt. Mit den Worten: „Der Tod ist doch bitter" war er aus dieser Welt gegangen.

Wie seine Vorfahren starb auch er an der Brustwassersucht.

Der Schriftsteller und Bibliothekar *Biester* gestaltete seinen

Nachruf in den Berlinischen Blättern so: „Friedrich Wilhelm vollendete das große von *Friedrich* angefangene Werk der Gesetzgebung. Und wäre dies die einzige That, welche Sein Regentenleben verherrlichte: Wie sicher müßte Er nicht schon durch sie allein zur Unsterblichkeit dringen!“ Und er fuhr fort: „Seine Zeitgenossen nannten ihn: den Gütigen; und nach Jahrhunderten noch, wird man seiner wohlthätigen Werke sich dankbar erfreuen ...“

Am ersten Teil seiner Hymne auf den Verblichenen war etwas dran, auch wenn sich die beschworene Unsterblichkeit nicht einstellte. Der zweite Teil zeigt, wie vorsichtig man mit derartigen Prognosen umgehen sollte, denn schon knapp 200 Jahre nach ihm wird der König heute kaum noch gekannt. Von all seinen Werken steht allerdings bis heute ein Denkmal mitten unter uns, das zum Symbol der deutschen Einheit wurde: das Brandenburger Tor. Aber weiß man es noch, daß es König *Friedrich Wilhelm II.* war, der es erbauen ließ?

Friedrich Wilhelm III. (1770 – 1840)

Das größte Glück eines Landes besteht zuverlässig in einem fortdauernden Frieden.

Friedrich Wilhelm III.

In einem Briefzitat heißt es: „... In acht Akten der betreffenden Nachlässe (des Geheimen Staatsarchivs Preussischer Kulturbesitz) konnten Hinweise auf die Erkrankung an Gicht beziehungsweise Podagra der Könige *Friedrich I.*, *Friedrich Wilhelm I.*, *Friedrich II.*, *Friedrich Wilhelm II.*, *Friedrich Wilhelm III.*, *Friedrich Wilhelm IV.* sowie Kaiser *Wilhelm I.* festgestellt werden ...“

Auch *Friedrich Wilhelm III.* war gichtkrank und litt ebenso wie alle seine Vorgänger an Magen-Darmbeschwerden. *Boyen* führte seine unaufhörlichen Verdauungsstörungen auf Diätfehler zurück. Der König habe zu allen Tageszeiten ansehnliche Portionen zu sich genommen und derbe und schwer verdauliche Speisen besonders bevorzugt. Das habe ihn chronisch verdrießlich gestimmt, denn anders war seine Stimmungslage wohl nicht zu bezeichnen.

Für Preußen kam dieser Mann, der zwar im Unterschied zu seinem Vater in familiär geordneten Verhältnissen lebte, völlig ungelegen, denn sein Zeitalter hätte eine Persönlichkeit vom Schlage *Friedrichs des Großen* bedurft, nicht aber einen kleinmütigen und unentschlossenen Mann wie diesen König.

Könige aber kann man sich nicht aussuchen – sie sind wie ein Geschenk, und Geschenke lösen ja bekanntlich nicht nur Freude aus.

In seinen ersten Amtshandlungen räumte er mit der Mätressen- und Günstlingswirtschaft seines Vaters auf, aber doch so ungeschickt, daß Europa erschrocken aufblickte zu dem neuen Mann in Preußen, dem jede Großmut und Souveränität abzugehen schienen.

Der Gräfin *Lichtenau* nahm er alles ab, ihren gesamten Besitz und schickte sie auf die Festung nach Glogau. Europa vergaß das nicht, und als ihm nach der Niederlage von Jena und Auerstedt Preußen zusammengestrichen wurde, meinte *Napoleon* zu ihm, er könne sich noch glücklich schätzen, denn er habe doch nur die Hälfte Preußens verloren, die Gräfin *Lichtenau* aber alles, und er empfing die treue Gefährtin *Friedrich Wilhelms II.* 1812 zu einer Audienz in Paris. Ihr Besitz war ihr längst auf Veranlassung *Napoleons* zurückgegeben worden.

König *Friedrich Wilhelm III.* war eine stattliche Erscheinung, er war groß und schlank und blieb es auch. In seinen Ansprüchen war er bescheiden, sein Lebensstil war eher bürgerlich als fürstlich zu nennen. Seine Schlafgewohnheiten auf einem Feldbett hatten sicherlich mehr mit seinem berühmten Großonkel als mit ihm selbst zu tun.

Friedrich Wilhelms Auftreten war ernst und würdevoll, wohinter aber auch seine Unsicherheit und Verlegenheit bei öffentlichen Auftritten gut zu verbergen waren. Phantasie ging ihm ab. Er konnte nur mit den Realitäten des Lebens etwas anfangen. Was ihn auszeichnete, war ein selten gutes Gedächtnis, besonders für Personen, vielleicht auch eine von Haus aus vorhandene Gutmütigkeit.

Seine ihm immer wieder nachgesagte Bescheidenheit war sicher auch Mangel an Selbstvertrauen.

Im schriftlichen Verkehr war er leidlich, im mündlichen dagegen unbeholfen und unsicher. Seine merkwürdigen Infinitivsätze bestanden aus unzusammenhängenden Inhalten, er scheute Begegnungen mit Fremden und kürzte Gespräche ab, die er meist nur mit Phrasen bestritt.

Er gab sich zwar als Biedermann mit hausväterlichem Einschlag, wurde aber andererseits politisch zur Symbolfigur für alles Alte und Konservative. Den Anforderungen seiner Zeit, die für Preußen so verhängnisvoll war, war dieser Mann nicht im mindesten gewachsen.

Seine Unentschlossenheit und sein traditionalistisches Denken steuerten Preußen unaufhaltsam in den Ruin. Man kann nicht sagen, daß er keine Beziehungen zum Militärischen hatte – im Gegenteil eigentlich. Aber er liebte nur das Paradespiel, das Exerzieren in schönen Uniformen, war dabei selbst immer auf das Sorgfältigste gekleidet und saß gut zu Pferde. Für weitergehende militärische Beschäftigungen, die über den Spielcharakter hinausgingen und auf den Ernstfall vorbereiteten, war er untauglich und unansprechbar.

Einen vortrefflicheren Gegenspieler konnte *Napoleon* sich nicht wünschen. *Friedrich Wilhelm III.* ebnete ihm geradezu den Weg nach Preußen – einer solchen Einladung konnte der Franzosenkaiser schwer widerstehen. Er nahm sie an.

Hier soll nicht näher auf Preußens vernichtende Niederlage unter König *Friedrich Wilhelm III.* bei Jena und Auerstedt eingegangen werden, auch auf die Volkserhebung und nachfolgenden Befreiungskriege gegen *Napoleon* nicht. Fest steht, daß die innere Kraft des jungen Königreichs Preußen ungebrochen war – von Preußen kam das Fanal zum Aufbruch, selbstredend nicht von seinem unbedeutenden und ängstlichen König. Aber es gab genügend mutige Männer mit vaterländischer Gesinnung, die ihm die Verantwortung für Preußen abnahmen. Allen voran muß *Yorck von Wartenburg* genannt werden, der am 30. Dezember 1812 auf eigene Faust ohne königliche Ermächtigung mit dem russischen General *von Diebitsch* die Konvention von Tauroggen schloß.

Das war der Beginn der Erhebung gegen *Napoleon*, die mit der Völkerschlacht von Leipzig vom 16. bis 18. Oktober 1813 ihr Ende auf deutschem Boden fand.

Durch den Mut der Generalität und die Bildung freiwilliger Jägerverbände, durch die Erhebung in Ostpreußen und eine quasi-

Mobilmachung sah sich der König gedrängt, endlich Flagge zu zeigen und erließ am 17. März 1813 seinen Aufruf „An Mein Volk". Er enthielt die Rückbesinnung und Mahnung an die Altvorderen, an den Großen Kurfürsten und natürlich an *Friedrich den Großen*.

Der König stiftete zugleich eine hohe Auszeichnung für Tapferkeiten im Kampf gegen *Napoleon*, das Eiserne Kreuz, das in erster und zweiter Klasse und auch im Großkreuz verliehen wurde.

Aufruf und Eisernes Kreuz mögen uns mit diesem König versöhnen, der zwar spät kam, aber immerhin noch kam, auch wenn ihn kein langer Weg daran gehindert hatte.

Nur der Vollständigkeit halber sollen einige Männer erwähnt werden, die im Widerstand gegen *Napoleon* heute noch unseren Respekt und unsere Anerkennung verdienen. Ihre Namen sind im Volk bekannter als der ihres Königs. Es sind *Gneisenau* und *Nettelbeck*, *Clausewitz* und *Scharnhorst*, *Blücher* und nicht zuletzt der preußische General *Courbiére*, der im westpreußischen Graudenz ausrief, als er erfuhr, der König habe die Staaten verlassen: „Dann bin ich König von Graudenz" und *Friedrich Wilhelm* die Festung hielt oder nach einer patriotischen Version: „Und gibt es auch keinen König von Preußen mehr, so gibt es immer noch einen König von Graudenz."

Nachdem *Napoleon* von der internationalen Koalition endgültig geschlagen wurde, kam es auf dem Wiener Kongreß 1815 zur Neuordnung Europas. Preußen war wieder ansehnlicher geworden, erfuhr aber eine erhebliche territoriale Westverlagerung.

Während die napoleonische Zeit nicht nur Unterdrückung, sondern gleichermaßen Freiheitsglocken gebracht hatte, die in Preußen ein beachtliches Reformwerk unter *Stein* und *Hardenberg* in Gang setzten, war das Ergebnis des Wiener Kongresses nicht nur mager, es war auch bedrückend. Mit der Heiligen Allianz, in der sich Rußland, Österreich und Preußen zusammenfanden, waren Gottesgnadentum und Restauration besiegelt worden.

So blaß der König in der Zeit der Besetzung und der Befreiungskriege auch war, jetzt lebte er auf, denn hier galt es, Altes zu konservieren und junge Knospen durch die Demagogenverfolgung zu brechen.

Seine Zeit aber war so bewegt, daß sich der König stellen mußte. Um auch ihm Gerechtigkeit widerfahren zu lassen, muß gesagt werden: er tat das auch. In seiner Regierungszeit, die nach *Friedrich dem Großen* die längste Amtszeit eines preußischen Königs war, vollzogen sich einige grundlegende Änderungen, die bis in unsere Tage hineinwirken.

Der König, von Haus aus gottesfürchtig und vor allem reformiert erzogen, neigte zu den Lutheranern. Alles Katholische war ihm fremd, alles Jüdische erst recht. Unter *Friedrich Wilhelm*s Regentschaft kam es 1817 zur Gründung der Altpreußischen Union, einer evangelischen Vereinigung der Lutheraner und Reformierten in Preußen. Diese unierte Kirche hatte Bestand, wobei Disharmonien nur in der Agende, der Gottesdienstordnung, nicht auszuräumen waren. Aus der Vereinigung beider Kirchen wurde 1954 die Evangelische Kirche der Union (EKU), die innerhalb der Evangelischen Kirche in Deutschland (EKD) auch heute noch die meisten Gemeindeglieder zählt.

Auch auf wirtschaftlichem Gebiet vollzog sich in *Friedrich Wilhelm*s Regierungszeit ein epochemachender Schritt, die Gründung des Deutschen Zollvereins 1833/34 unter preußischer Führung und Ausgliederung Österreichs. Für die spätere Einheit Deutschlands war die Schaffung dieses Zollvereins eine nicht zu unterschätzende Vorarbeit.

Friedrich Wilhelm III. – so wird gesagt – habe sein Volk geliebt, aber er selbst wurde nicht wiedergeliebt.

Von der großen Beliebtheit, die Königin *Luise*, die Gemahlin *Friedrich Wilhelms III.*, allgemein im Volk genoß, konnte er zwar profitieren, aber *Luise* starb schon 1810, und der König hatte noch 30 Regierungsjahre vor sich.

Als er 1840 endlich starb, – übrigens an den Folgen einer Lungenentzündung –, atmete das Volk auf. Es war alles sehr solide gewesen unter *Friedrich Wilhelm III.*, nicht eigentlich schlecht zu nennen, jedoch ohne Höhepunkte, ohne die geringste Veränderung der Monotonie, ohne jeden Glanz.

Friedrich Wilhelm IV. (1795 – 1861)

Ich und mein Haus wir wollen dem Herrn dienen.

Friedrich Wilhelm IV.

Als König *Friedrich Wilhelm III.* 1840 starb, wurde der Thronwechsel sehnlichst herbeigewünscht. Von seinem Nachfolger erhoffte namentlich das Bürgertum mehr Liberalismus und weniger Gottesgnadentum.

Der Regierungsantritt *Friedrich Wilhelms IV.* ließ sich gar nicht schlecht an. Die verkündete Generalamnestie für Verurteilte „Demagogen", durch die auch die Suspendierung *Ernst Moritz Arndts* aufgehoben wurde, stimmte hoffnungsvoll – aber leider blieb es bei Einzelbeispielen, und an der politischen Generallinie in Preußen änderte sich wenig – nicht zuletzt deshalb, weil auch der neue König zutiefst davon durchdrungen war, daß er die Krone vom Tisch des Herrn empfangen habe.

Im Atmosphärischen allerdings trat schon ein Wandel ein, da von *Friedrich Wilhelm IV.* aufgrund seiner Persönlichkeit eine ganz andere Ausstrahlung ausging, als von seinem stocknüchternen Vater. Dessen merkwürdige Infinitivsätze und sein sprödes Verhalten verbreiteten natürlich keine Atmosphäre. *Friedrich Wilhelm III.* verkörperte genau das, was man auch unter Preußen versteht: Nüchternheit, Korrektheit und Gesetz ohne sonderliche Wärme, ohne Liebenswürdigkeit und erst recht ohne Leichtigkeit.

Daß ein solches Urteil trügerisch ist, wird an *Friedrich Wilhelm IV.* deutlich, denn auch er war mit Leib und Seele Preuße, und er war die Liebenswürdigkeit in Person.

Friedrich Wilhelm IV. war alles in allem eher eine geniale Künstlernatur als eine kraftvolle Herrscherpersönlichkeit. Auf den Gebieten der Kunst und Wissenschaft war er weit mehr zu Hause als in der harten Realität des politischen Lebens. Es nimmt daher nicht wunder, daß sich seine phantasievollen Vorstellungen oft an der nüchternen Wirklichkeit stoßen mußten. Nicht umsonst trägt dieser Monarch den Beinamen „der Romantiker auf dem Thron".

Friedrich Wilhelm IV. war ein geistvoller und vornehmer Mann, im gesellschaftlichen Verkehr außerordentlich liebenswürdig und von schlagfertigem Witz. Im Unterschied zu seinem verschlossenen und linkischen Vater, verfügte er über ein großes Redetalent, von dem er ständig Gebrauch machte.

Heinrich Heine, alles andere als ein Freund Preußens, fühlte sich diesem „Romantiker auf dem Thron“ geistig und seelisch verwandt, wie folgender Vierzeiler zeigt:

> „Ich habe ein Faible für diesen König;
> ich glaube, wir sind uns ähnlich ein wenig.
> Ein vornehmer Geist, hat viel Talent.
> Auch ich, ich wäre ein schlechter Regent.“

Seinem Verständnis entsprachen Gottesgnadentum und christliches Staatsideal. Für Deutschland und das deutsche Wesen war er immer empfänglich. Auch der großdeutsche Gedanke hatte für ihn etwas Faszinierendes.

Wie oft bei phantasievollen Menschen mit einer reichen Begabung, so bewegte sich auch *Friedrich Wilhelm* emotional zwischen Extremen. Einerseits war er liebenswürdig, gütig und überschwenglich – andererseits konnte seine Stimmungsskala bis zum Jähzorn umschlagen.

In seinen politischen Entscheidungen blieb dieser vermeintliche „liberale Romantiker“ hinter allen Hoffnungen, die an seine Amtsübernahme geknüpft worden waren, weit zurück, wobei seine weichen und liebenswürdigen Eigenschaften aber manche Woge glätteten.

Als 1848 in Berlin die Märzrevolution ausbrach, ließ *Friedrich Wilhelm* die königlichen Truppen aus Berlin abziehen, er gewährte eine Amnestie und erwies den „Märzgefallenen“ entblößten Hauptes die letzte Ehre. Im Spätherbst rückten seine Truppen wieder in die Stadt ein, ohne auf Widerstand zu stoßen. Die Revolution in Preußen war beendet – der Sieger war der König, aber er war ein großmütiger Sieger. Rache lag ihm fern.

Als *Friedrich Wilhelm IV.* von der Deutschen Nationalversammlung, die um die Einigung Deutschlands stritt, in der Frankfurter Paulskirche zum Kaiser gewählt wurde, lehnte er diese Kaiserkrone aus innerer Überzeugung ab, da sie mit seinen romantisch-teutschen Anschauungen nicht übereinstimmte. Für ihn war diese Krone mit dem „Ludergeruch“ der Revolution behaftet – eine solche Krone, aus den Händen des Volkes, wollte er nicht.

Auf die Fürsten kam es ihm an, einen gleichlautenden Wunsch aus deren Mund hätte er schwerlich ausschlagen können noch wollen. Zu *Heinrich Freiherr von Gagern*, Präsident der Deutschen Nationalversammlung in Frankfurt, sagte er: „Vergessen Sie nicht, daß es noch Fürsten in Deutschland gibt und daß ich einer von ihnen bin."

Während er die preußische Nationalversammlung, der er zähneknirschend zugestimmt hatte, wieder nach Hause schickte, schenkte er selbst seinem Volk eine Verfassung und verstand sein Geschenk als einen Akt königlicher Gnade. So schlecht war diese Verfassung, die im großen und ganzen bis 1918 gültig blieb und durchaus liberale Züge zeigte, nicht. Immer wollte er der Gebende sein, sich aber nichts abringen lassen.

Die letzten Jahre seines Lebens waren für *Friedrich Wilhelm* reine Leidensjahre. Im Juli 1857 begann mit dem ersten Schlaganfall, dem bald der zweite folgte, sein langes Sterben.

Obwohl die Ärzte ihm dringend von den Herbstmanövern bei Halle abrieten, nahm *Friedrich Wilhelm* daran teil, nicht zuletzt, um allen Gerüchten über seinen schlechten Gesundheitszustand entgegenzutreten. Aber es ging ihm nicht gut, und am Ende des Manövers sagte er zu Herzog *Ernst II.* von Sachsen-Coburg-Gotha: „Ich bin sehr krank, lieber Herzog, viel kränker als man glaubt – Sie werden mich wohl nie wiedersehen – vergessen Sie mich nicht."

Am 8. Oktober 1857 traf ihn erneut ein Schlaganfall – am 23. Oktober übertrug er Prinz *Wilhelm*, seinem Bruder, stellvertretend die Regierungsgeschäfte, die dieser am 26. Oktober offiziell übernahm.

Während eines Erholungsaufenthaltes im Juli 1858 am Tegernsee kam es dort zu einem Gichtanfall, der aber nicht der erste gewesen zu sein scheint, denn auch *Friedrich Wilhelm IV.* litt, durch Erbanlage bedingt, durch Ernährung und Alkohol begünstigt, wie seine Vorfahren an der Gicht.

In einem Brief eines Majors und Flügeladjutanten an den Prinz von Preußen vom 6. August 1858, den dieser in Tegernsee schrieb, ist folgendes zu lesen:

„... Von dem früher verordneten Aufenthalte am Strande der Ost- oder Nordsee haben die Aertze jetzt abrathen zu müßen geglaubt, da der bei Sr. Majestät dem Könige hervorgetretene Gichtstoff nicht entschieden darauf hindeute, daß ein milderes Klima, welches die Ausstoßung dieses Krankheits-Stoffes mehr unterstütze, aufgesucht werden müßte... Die Gicht-Geschwulst am linken Fuß-Ballen ist im Laufe des gestrigen Tages, etwas kleiner geworden, so daß Sr. Majestät ohne Unbequemlichkeiten im Grünen umhergehen und die Treppe heruntersteigen konnten, um sich nach dem Wagen zu begeben. Die Aussichten auf einen starken Podagra-Anfall sind somit geschwunden. Von einigen Seiten, und, ich glaube, von Sr. Majestät dem Könige Selbst wird dies bedauert, da ein heftiges Gichtleiden als ein wohlthätiger Ableiter für anderweitig etablirte Krankheitsstoffe angesehen wird. – Dr. *Grimm* ist zwar nicht dieser Ansicht und behauptet entschieden, daß selbst beim stärksten Podagraanfall, eine derartige Ableitung gar nicht erwartet werden könne. Das Heraustreten der Gicht müßte indeß immerhin als ein gutes Zeichen und als ein Beweis angesehen werden, daß der Körper Sr. Majestät des Königs, trotz des nun beinahe 1 Jahr andauernden Leidens, Kraft genug besitze, den Gichtstoff auszustoßen..."

Dieser Brief ist in mehrfacher Hinsicht interessant und aufschlußreich. Einmal deutet er darauf hin, daß der König offenbar erst im höheren Alter seine Gichtanfälle hatte, denn in dem Brief ist von einem „ein Jahr andauernden Leiden" die Rede. Weiterhin ist bemerkenswert, daß *Friedrich Wilhelm IV.* ein Gichtanfall zur „Ableitung" anderer Erkrankungen offenbar willkommen war. Seine Erfahrungen bestätigen in klassischer Weise unsere eingangs getroffenen Aussagen. Seit Herbst 1859 war *Friedrich Wilhelm IV.* halbseitengelähmt und an den Rollstuhl gefesselt.

Nach insgesamt sieben Schlaganfällen wurde König *Friedrich Wilhelm IV.* am 2. Januar 1861 endlich von seinem qualvollen Zustand erlöst.

Politisch hat *Friedrich Wilhelm IV.* wenig auf sich aufmerksam gemacht, aber man kann nicht sagen, daß dieser Monarch keine Spuren hinterlassen hat – im Gegenteil. Auf dem Gebiet der Baukunst und Architektur wie der Garten- und Landschaftsgestaltung hat er sich für die Nachwelt verewigt, wovon Schlösser und Kirchen Zeugnis ablegen. An der Havel entstanden durch ihn viele neue Kirchen, und was die Schlösser und Gärten von Sanssouci

König Friedrich Wilhelm III. (1797–1840)

König Friedrich Wilhelm IV., „der Romantiker auf dem Thron" (1840–1861)

Wilhelm I., Deutscher Kaiser und König von Preußen (Regent von 1858–1861, König von 1861–1888, Deutscher Kaiser von 1871–1888)

Friedrich III., Deutscher Kaiser und König von Preußen 1888, der „99-Tage-Kaiser"

Wilhelm II., Deutscher Kaiser und König von Preußen von 1888–1918 – letzter deutscher Kaiser

Kronprinz Wilhelm – letzter deutscher Kronprinz

Seine Kaiserliche Hoheit Dr. Louis Ferdinand Prinz von Preußen – Chef des vormals regierenden Hauses Hohenzollern

betrifft, so war *Friedrich Wilhelm IV.* nach *Friedrich dem Großen* der zweite Bauherr und Landschaftsgestalter dort. Wie das Schloß Sanssouci und das Neue Palais als friderizianische Zeugnisse die Zeit überdauerten, so sind Schloß Charlottenhof, die Römischen Bäder, die Orangerie und die Friedenskirche im Stil einer frühchristlichen Basilika stumme Zeugen der Bautätigkeit dieses Königs, dessen eigene Ideen teilweise ins Gigantische wuchsen.

Die Gicht – Erbkrankheit der Hohenzollern?

Was die Gicht anbelangt, so wurde sie wahrscheinlich mit *Friedrich Wilhelm IV.* im Hause Hohenzollern zu Grabe getragen. Sein Bruder und Nachfolger, König *Wilhelm I.* von Preußen, seit 1871 auch Deutscher Kaiser, litt offenbar nicht an dieser Krankheit, selbst wenn es eine handschriftliche Aufzeichnung von ihm gibt, in der aber von einer rheumatischen Erkrankung und nicht von der Gicht die Rede ist.

Die Begriffe wurden nicht immer scharf getrennt, und so entsprach auch nicht alles, was als Gicht bezeichnet wurde, tatsächlich dieser Krankheit, wie andererseits die erwähnte rheumatische Erkrankung *Wilhelms I.* durchaus ein Gichtleiden gewesen sein kann.

Die Nachfolger Kaiser *Wilhelms I.*, *Friedrich III.* und *Wilhelm II.*, kannten die Gicht nicht mehr, und nach Aussage seiner Kaiserlichen Hoheit Dr. *Louis Ferdinands* Prinz von Preußen leidet weder er, noch hatte sein Vater, der letzte deutsche Kronprinz, an dieser Krankheit gelitten.

Wenn also die letzten Hohenzollern nach König *Friedrich Wilhelm IV.* oder Kaiser *Wilhelm I.* nicht mehr von Gichtanfällen geplagt waren und sind, dann unterstreicht diese Tatsache um ein weiteres Mal die Bedeutung der äußeren Einflüsse für die Auslösung der Schmerzattacken.

Selbst bei einer genetischen Grundlage kann ein entsprechend angepaßtes Verhalten die erbliche Stoffwechselkrankheit in Grenzen halten. Das belegen viele Untersuchungen bei Familienangehörigen von Gichtkranken, bei denen zwar ein erhöhter

Harnsäurespiegel nachgewiesen werden konnte, aber keine klinisch manifeste Gicht.

Das Ausbleiben von Gichtanfällen allein ist noch kein Gegenbeweis für das Vorhandensein einer erblichen Anlage, denn die Genetik der Gicht ist, wie eingangs erwähnt, die Genetik einer Hyperurikämie, einer erhöhten Harnsäurekonzentration, und ein erhöhter Harnsäurespiegel kann zwar eine Gicht zur Folge haben, er muß es aber nicht.

Bekannt ist, daß Menschen mit pyknischem Habitus besonders zu Stoffwechselkrankheiten, zu Gicht und Fettsucht neigen.

Betrachtet man die Riege der Preußenkönige unter diesem Gesichtspunkt, dann war zumindest jeder zweite ein klassischer Vertreter dieses Konstitutionstyps.

Friedrich Wilhelm der Große Kurfürst war korpulent und pyknisch, sein Enkel, der Soldatenkönig, war es erst recht. Auch dessen Enkel, *Friedrich Wilhelm II.*, der sich den Beinamen „der dicke Wilhelm“ gefallen lassen mußte, war ein Pykniker. Und was *Friedrich Wilhelm IV.* anbelangt, den Enkel des „dicken Wilhelm“, so war auch er unverkennbar ein Hohenzoller.

Nicht zu übersehen ist allerdings, daß es weitere Könige gab, die nicht pyknisch waren und dennoch an der Gicht litten. Der erste Preußenkönig, *Friedrich I.*, und sein Enkel, *Friedrich der Große*, waren eher asthenisch als pyknisch, und *Friedrich Wilhelm III.*, der Großneffe *Friedrichs II.*, war groß und schlank – nach einem pyknischen Habitus sucht man bei ihm vergebens.

Die Gicht scheint bei ihnen in milderer Form vorgelegen zu haben, wenn man von *Friedrich dem Großen* einmal absieht, der auch in dieser Beziehung eine Sonderstellung einnahm und in kein Schema zu pressen war.

Den gichtkranken Königen war eins gemein: ihre Maßlosigkeit im Essen und Trinken. Aber dadurch unterschieden sie sich kaum von weiteren Familienangehörigen, erst recht nicht von ihren kurfürstlichen Vorgängern. Der Vater des Großen Kurfürsten, *Georg Wilhelm*, hat in seiner Lebensweise seinen Nachfahren nicht nachgestanden, und was *Johann Sigismund*, seinen Großvater, betrifft, so ist von ihm zu berichten, daß er seine Gesundheit durch Trunk und Völlerei so ruinierte, daß er praktisch schon jahrelang regierungsunfähig war, ehe er mit 47 Jahren starb.

Aber *Johann Sigismund* war bei weitem keine Ausnahme, denn Genußmenschen waren sie alle, und Festgelage gehörten genauso zu ihren Lebensgewohnheiten wie ihre Jagdleidenschaft. Bei ihrer Körperfülle und Unbeweglichkeit blieb ihnen am Ende oft nicht mehr als der Rollstuhl oder die Sänfte. Siechtum zwang sie oft zum vorzeitigen Regierungsverzicht. Ihre Todesursachen lesen sich alle gleich: Den einen traf der Schlagfluß, den anderen die Brustwassersucht. Und noch eines hatten sie gemein: den frühen Tod.

Daß Gichtanfälle nicht selten die Bilder abrundeten, nimmt nicht wunder. *Albrecht Achilles*, *Joachim I.*, *Joachim II.* und *Johann Sigismund* hatten die Gicht, bei ihren Vorgängern und Nachfolgern, die sich keinesfalls in Askese übten, scheint sie nicht ausgeschlossen, selbst wenn man direkte Hinweise darauf vermißt. Die oft geklagten Schmerzen aber, insbesondere in den Gelenken, schließen eine Gicht nicht aus, denn eine solche Häufung an Gelenkrheumatismus ist unwahrscheinlich. Häufige Kuraufenthalte, so in Teplitz, Karlsbad, Pyrmont und Tegernsee, die nicht allein einer allgemeinen Erholung wegen angetreten wurden, können ein weiteres Indiz sein.

An äußeren Faktoren durch Festessen und Trinkgelage, die Gichtanfälle auslösen können, bestand nachweislich bei keinem ein Mangel. Dennoch ist bemerkenswert, daß die Krankheit von fast allen Hohenzollernherrschern bekannt ist. Diese seltene familiäre Häufung macht eine Erbanlage sehr wahrscheinlich, denn ein Wohlleben allein kann zwar zum Gichtanfall führen, muß es aber nicht zwangsläufig und schon gar nicht in der Regelmäßigkeit.

Wenn man zwischen einer primären und sekundären Gicht differenziert, wie es in der Medizin üblich ist, dann fällt die Einordnung bei den Hohenzollern nicht schwer. Eine sekundäre Gicht kann sich nach Festessen mit reichlichem Alkoholgenuß einstellen, die primäre Gicht ist dagegen die Folge eines Gendefekts. Daß der Merkmalsträger die Häufigkeit seiner Anfälle durch Genußsucht gewissermaßen selbst bestimmen kann, steht außer Frage, denn offenbar wird die Gicht multifaktoriell vererbt, und äußere Faktoren wie ein Überangebot von Purinen sind ebenso erforderlich wie die Erbanlage.

Eine weitere Form der sekundären Gicht ist die sogenannte Bleigicht. Sie hat besonders in Deutschland und England im

19. Jahrhundert eine Rolle gespielt. Die Ursache waren bleihaltige Gefäße, mit Blei kontaminierte Weine, Speisen und auch Leitungswasser.

Eine chronische Bleivergiftung kann zu einer Nierenschädigung mit einer Harnsäureausscheidungsstörung führen, so daß sich eine Bleigicht mit den typischen Schmerzattacken einstellen kann. Eine Bleigicht kann sich auch infolge einer chronischen Vergiftung durch den ständigen Kontakt mit Möbeln, die früher häufig mit Bleiweiß gestrichen waren, entwickeln und zu stark reißenden Schmerzen in den Gelenken führen. (Das giftige Bleiweiß, ein gemischtes Bleihydroxid mit Bleikarbonat, ist eine gut deckende Malerfarbe, die allmählich bräunlich wird.) Der Pathomechanismus ist derselbe: auch hier soll die Bleischädigung zu einer Harnsäureausscheidungsstörung mit typischen Gichtattacken führen.

Für die Ursache der Gicht bei den Hohenzollern ist diese letzte Form, falls sie überhaupt in Frage kommt, bedeutungslos. Sie mag in Einzelfällen als Erklärung tauglich sein, nicht aber bei einer solch allgemeinen Erscheinung von Generation zu Generation und das über Jahrhunderte.

Bei den Hohenzollern hat aufgrund des gehäuften familiären Vorkommens ohne Zweifel eine genetisch bedingte primäre Gicht vorgelegen, deren klinische Manifestation schließlich auch ihre handfesten Ursachen hatte. Daran ändert auch die Tatsache nichts, daß *Friedrich der Große* meinte: „Sie können sich nicht vorstellen, wie mäßig ich bin. Ich koste bloß meine Speisen und esse nur, um mich zu stärken." Er sagte eben nicht die Wahrheit.

3

Das Erbe der Königin Viktoria

Europas fürstliche Bluter

Geschichte der Hämophilie

Die Bluterkrankheit ist seit alters her bekannt. Viele Beschreibungen reichen weit in die Vergangenheit zurück. Schon im Talmud von Babylonien (Talmud babli) aus der zweiten Hälfte des fünften Jahrhunderts nach der Zeitenwende wird sie erwähnt. Auch in dem medizinischen Werk des berühmten arabischen Arztes *Abulcasim*, der im spanischen Cordoba lebte und 1107 dort starb, wird die Hämophilie abgehandelt. Dagegen finden wir keinerlei Hinweise auf die Bluterkrankheit aus dem aufgeklärten klassischen Altertum.

Die früheste und wohl bei weitem exakteste Beschreibung über die Krankheit und auch schon über den Vererbungsmodus verdanken wir dem jüdischen Volk. Bei den Juden soll die Hämophilie achtmal häufiger vorkommen als bei anderen Völkern. Das Vorliegen einer Bluterkrankheit läßt sich bei den Juden durch die rituelle Beschneidung ableiten, wenn eine unstillbare Blutung die Folge ist. Da diese Handlung traditionell bei den Juden ist und schon im 1. Buch Mose im 17. Kapitel als Zeichen der Zugehörigkeit zum Alten Bund niedergelegt wurde, geht man wohl nicht fehl in der Annahme, daß es zu jeder Zeit genügend geschickte Operateure gegeben hat, die ihr Handwerk so gut verstanden, daß Kunstfehler auszuschließen sind. Wenn sich dennoch nach einer Beschneidung eine unstillbare Blutung einstellte, konnte wohl zu Recht auf ein krankhaftes Geschehen geschlossen werden, was wiederum zur Folge hatte, daß für derartige Fälle schon erstaunlich früh Ausnahmeregeln eingeräumt wurden. Interessant ist ein Auszug aus dem Talmud babli, der den Dispens von der Beschneidung für folgenden Fall vorsieht:

„Wenn ein Weib seinen ersten Knaben hat beschneiden lassen und er ist gestorben, einen zweiten und er ist gestorben, so soll sie den dritten nicht beschneiden lassen."

In religiöser Hinsicht stand die Schrift allerdings dagegen, denn nach dem 3. Buch Mose gelten alle Unbeschnittenen als unrein. Dennoch gehörten die Menschen, die wegen einer Hämophilie nicht beschnitten waren, zur Religionsgemeinschaft.

Interessant und aufschlußreich ist eine Erklärung des im 12. Jahrhundert lebenden Talmudgelehrten *Maimonides*, die schon

Erfahrungen und Kenntnisse über die Erbgangsverhältnisse verrät, wenn es heißt:

„Ein Knabe, dem zwei Brüder mütterlicherseits, wenn auch von zwei verschiedenen Vätern, gestorben sind, darf nicht beschnitten werden. Aber Söhne eines Mannes, dem zwei Söhne bei der Beschneidung gestorben (verblutet) sind, dürfen beschnitten werden, wenn sie nicht mit der Mutter der Verbluteten, sondern mit einem anderen Weibe gezeugt sind."

Ob Juden tatsächlich soviel häufiger an der Hämophilie erkranken, ist für unsere Betrachtung nicht von Bedeutung. Durch ihren Beschneidungsritus war das Vorliegen dieser Krankheit wie auch die Beobachtung ihrer Vererbung ungleich früher bekannt als in anderen Völkern, von denen Mitteilungen über die Hämophilie weitaus spärlicher sind.

So liegen uns Nachrichten aus Europa erst aus dem 16. Jahrhundert vor und hier insbesondere aus Deutschland und England. Beschreibungen zur Vererbung werden allerdings noch völlig vermißt. Diesem Problem wandte man sich hierzulande wie im übrigen Europa auch erst zu Beginn des 19. Jahrhunderts zu.

Im Grunde hat die Hämophilie erst durch die Beschreibung des nordamerikanischen Arztes *Otto* im Jahre 1803, der auch den Terminus Bluterkrankheit prägte, die Aufmerksamkeit auf sich gelenkt und eine Eigenbedeutung erhalten, nicht zuletzt durch die Erwähnung der weit verzweigten Bluterfamilie *Smith-Shepard*.

Von Chelius hat 1827 über ein Mitglied der Kirchheimer Bluterfamilie *Mampel* berichtet, die dann in der Folgezeit in der Geschichte der Hämophilie eine bedeutende Rolle spielen sollte. Auf diese Familie, die noch bis 1926 in Kirchheim lebte, machten 1841 *Mutzenbecher* und etwas später auch *Lossen* aufmerksam.

Die Häufigkeitsverteilung der Hämophilie, abgesehen von dem schon erwähnten Vorkommen bei den Juden, ist keineswegs gleichmäßig. Abgelegene Talbevölkerungen liegen in dieser Hinsicht bei weitem über dem europäischen Durchschnitt. In Württemberg und auch in der Schweiz wurden Hämophiliefälle relativ häufig beobachtet. Mit am bekanntesten ist in diesem Zusammenhang die von *Lossen* beschriebene große Schweizer Bluterfamilie in Tenna, einem Ort in Graubünden.

Die Tatsache, daß hämophile Männer erbgesunde Söhne und

gesunde Töchter haben, die aber Konduktorinnen (Überträgerinnen) sind, wobei dann die Söhne dieser Töchter wiederum etwa zur Hälfte Bluter sind, hat *Nasse* bereits zu Beginn des 19. Jahrhunderts beobachtet, wobei er 1820 folgenden empirischen Vererbungsmodus formulierte:

„Die Frauen aus jenen Familien (Bluterfamilien) übertragen von ihren Vätern her, auch wenn sie an Männer aus anderen, mit jener Neigung nicht behafteten Familien verheiratet sind, ihren Kindern die Neigung; an ihnen selbst und überhaupt an einer weiblichen Person jener Familien äußerte sich eine solche Neigung niemals."

Nasse erkennt eigentlich als Erster in der Hämophilie eine Krankheit sui generis.

Vererbung und klinisches Bild

Heute wissen wir, daß der „Nasseschen Regel" eine rezessiv x-chromosomale Vererbung zugrundeliegt.

Die Bluterkrankheit ist ein klassisches Beispiel für einen geschlechtsgebundenen rezessiven Erbgang. Die den kranken Erbfaktor tragende Frau – wir nennen sie Konduktorin – gibt diesen im Durchschnitt an die Hälfte ihrer Töchter weiter, die demzufolge ebenfalls Überträgerinnen sind, zum anderen auch an die Hälfte ihrer Söhne, die manifest an der Hämophilie erkranken. Der Bluter wiederum gibt sein x-Chromosom mit dem Hämophiliegen an alle Töchter weiter, niemals aber an einen seiner Söhne. Die Kinder Hämophiler sind demzufolge, wie schon erwähnt, phänotypisch gesund, ihre Söhne auch genotypisch. Diese und auch deren Nachkommen sind erblich nicht belastet, ihre Töchter dagegen sind Anlageträgerinnen. (Tafel 5, S. 182).

Überträgerinnen haben im Vergleich zu normalen Frauen eine reduzierte Gerinnungsaktivität, also einen Faktor VIII- bzw. – IX-Mangel, meist um 50%, wobei die Schwankungsbreite sehr groß ist. Auch bei ihnen, den Konduktorinnen, kann durchaus eine hämorrhagische Diathese, also eine Neigung zu Blutungen, vorliegen, die allerdings nie das Vollbild einer Hämophilie erreicht.

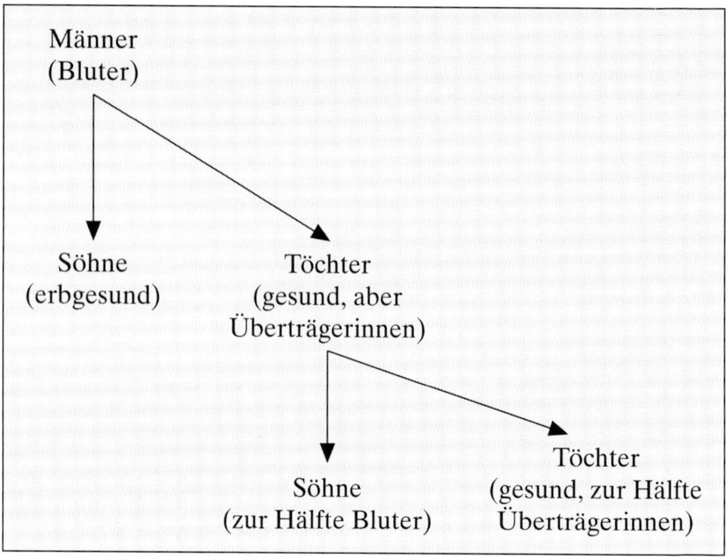

Tafel 5 Erbgang der Hämophilie

In etwa 30 bis 45% der Bluterfamilien findet man keine familiäre Belastung, so daß für diese sporadischen Hämophiliefälle Neumutationen angenommen werden müssen.

Die Bezeichnung Hämophilie ist griechischen Ursprungs und geht aller Wahrscheinlichkeit nach auf *Hopff* zurück, der 1828 eine Dissertation mit dem Titel „Über die Hämophilie oder die erbliche Anlage zu tödlichen Blutungen" einreichte. Dann war es vermutlich *Schönlein*, der diesen Terminus aufgriff und ihn durch seine Vorlesungen in den klinischen Sprachgebrauch einführte.

Bis zum Jahre 1944 wurde allgemein angenommen, daß es sich bei der rezessiv x-chromosomalen erblichen Hämophilie klinisch wie hämatologisch um ein einheitliches Krankheitsbild handelt. 1952 gelang in den USA und in England der Nachweis, daß zwei Formen von Hämophilien existieren, die als Hämophilie A (Faktor VIII-Mangel) und Hämophilie B (Faktor IX-Mangel) Eingang in den klinischen Sprachgebrauch gefunden haben.

Die gerinnungsphysiologischen und hämatologischen Grundlagen sollen hier nicht näher beleuchtet werden. Nach neueren Statistiken kommt die Hämophilie A etwa fünfmal häufiger vor als die Hämophilie B. Unter 10000 bis 14000 männlichen Neugeborenen befindet sich ein Bluter.

Bluter hatten früher selten Kinder. Ihre Fruchtbarkeit betrug rund 25% der durchschnittlichen Fruchtbarkeit. Man müßte annehmen, daß diese schwere Erbkrankheit allmählich zurückgeht, da Lebensdauer, Vitalität und Nachkommenzahl eingeschränkt sind. Doch das Gegenteil ist der Fall. Die Ursache dafür ist nicht nur in Neumutationen zu sehen, sie ist auch der Preis für die Fortschritte auf dem Gebiet der Gerinnungsphysiologie. Am besten belegen so etwas immer Zahlen. Während das durchschnittliche Lebensalter 1943 noch 15,6 Jahre betrug, liegt es heute schon bei 45 Jahren. Damit erhöht sich zwangsläufig auch die Anzahl der Nachkommen. Doch im vergangenen und noch in der ersten Hälfte unseres Jahrhunderts lagen die Verhältnisse anders.

Bei der Hämophilie unterscheidet man je nach der Faktor VIII- bzw. Faktor IX-Restaktivität eine schwere, mittelschwere und leichte Form, wobei die schweren Hämophilien überwiegen.

Die Bluterkrankheit äußert sich durch rezidivierende Gelenk- und Muskeleinblutungen. Blutergüsse können ebenso unter der Haut und auch im Gehirn auftreten. Nach einer Verletzung ist eine unstillbare Blutung die Regel, aber oft läßt sich keine Ursache ausfindig machen. Die Einblutungen entstehen spontan. Solche spontanen Blutungen können 30 bis 35mal im Jahr auftreten, am häufigsten zwischen dem 5. und 20. Lebensjahr.

Das klinische Bild beider Hämophilien ist identisch. Charakteristisch sind Einblutungen in Sprung- und Kniegelenke und in den großen Lendenmuskel, die mit starken Schmerzen im Unterbauch einhergehen und ein akutes Abdomen oder eine Appendizitis vortäuschen können.

Hirnblutungen sind selten, führen aber, wenn sie auftreten, oft zum Tod. Mit etwa 20% sind sie die häufigste Todesursache bei Hämophilen.

Ein bemerkenswerter Fall von erblicher Hämophilie ist in den früheren europäischen Fürstenhäusern beobachtet worden. Das Erbe dieser „klassischen alteuropäischen" Bluterkrankheit hinterließ allen Zeugnissen zufolge die englische Königin Viktoria, die zur Stammutter der weit verzweigten und versippten fürstlichen Merkmalsträger wurde.

Dann entwickelte sich die Krankheit nach den erblichen Gesetzmäßigkeiten einer Hämophilie und noch spätere Generationen trugen an der schweren schicksalhaften Last dieses Erbes.

Bluter im englischen Königshaus

Daß die englische Königin *Viktoria* nicht allein das nach ihr benannte Zeitalter schuf, sondern Europa noch ein Erbe ganz anderer Art hinterließ, wurde durch viele fürstliche Bluter zur traurigen Gewißheit. Der Londoner Professor *Haldane* drückte das so aus: „Königin *Viktoria* spielte keine unbedeutende Rolle in der Herbeiführung der russischen und der spanischen Revolution. Hätte Königin *Viktoria* nicht die Bluterkrankheit vererbt, wäre der ganzen Geschichte ein anderer Verlauf beschieden gewesen."

Ob man der Königin auch Revolutionen anhängen kann, sei dahingestellt, auf jeden Fall hat sie in viele europäische Fürstenhäuser den Todesengel gesandt.

Woher rührte *Viktorias* Krankheit? Wem verdankte sie dieses schicksalhafte Erbe? Ihrem Vater? Ihrer Mutter?

Von ihrem Vater, dem Herzog *Eduard* von Kent, der britischer Feldmarschall war, ist zu berichten, daß er sich zwar in ständigen Geldverlegenheiten befand, jedoch ein Bluter war er nicht. Weiterhin könnte auch ihre gleichnamige Mutter, eine deutsche Prinzessin aus dem Hause Sachsen-Coburg-Saalfeld, eine Konduktorin gewesen sein, was wiederum bedeutet haben könnte, daß entweder deren Vater, der Herzog *Franz* von Sachsen-Coburg, Bluter war oder aber seine Frau, *Auguste* von Reuß-Ebersdorf, Überträgerin gewesen sein müßte. Aber in dem weit verzweigten Fürstengeschlecht war die Hämophilie unbekannt, selbst wenn es gelegentlich zu Verdächtigungen kam.

War also *Viktoria* selbst die Urheberin? Wir kommen darauf zurück.

Viktoria wurde am 24. März 1819 geboren. Als Achtzehnjährige wurde sie Königin von Großbritannien und Irland, 1877 auch Kaiserin von Indien. 1840 heiratete sie *Albert* Prinz von Sachsen-Coburg-Gotha. Man sprach von einer Liebesheirat, und *Albert Con-*

sort, wie man ihn nannte, war nicht nur ihr bester Berater, er war ihr offenbar auch geistig überlegen. *Viktoria* neigte schon in frühen Jahren zur Leibesfülle – war es die Folge der neun Kinder, denen sie das Leben schenkte? Knapp 40jährig war sie so unförmig geworden, daß Treppen für sie nicht mehr zu bewältigen waren. Sie mußte mit Rollstühlen und Sänften vorliebnehmen, mit speziell für sie angefertigten Liften, denn zweieinhalb Zentner bei 1,56 cm Größe waren anders nicht mehr zu bewegen. Es konnte nicht ausbleiben, daß *Viktoria* in den abendlichen Herrenclubs ein beliebtes Thema war.

Überhaupt blühte der zeitgenössische Klatsch um die Queen. Und das ist ja etwas in der Geschichte, unabhängig von der Person, was wirklich Bestand hat, wenn sonst auch nichts von Dauer ist. Die Tatsache, daß die Königin fast bürgerlich und betulich, eben „viktorianisch" lebte, schlachtete die Regenbogenpresse reichlich aus und versuchte ihr sogar eine Romanze mit ihrem Leibkutscher *John Brown* anzuhängen. „Punch" ging noch um einiges weiter und bezeichnete sie respektlos als „Mrs. Brown".

Aber ganz neu war das keineswegs, denn ihre Selbstsicherheit und Entscheidungsfreudigkeit waren vorgetäuscht. In Wahrheit war sie führungsschwach und schutzbedürftig und überließ schon kurz nach ihrer Thronbesteigung dem Premierminister, Lord *William Melbourne*, das Führungsruder. Die Umstände wollten es, daß dieser elegante Herr verwitwet war und oft über das dienstliche Maß hinaus in den Buckinghampalast gebeten wurde, so daß „Punch" damals schon von „Mrs. Melbourne" sprach.

Das alles änderte sich schlagartig, als Prinz *Albert* auf den Plan trat, der nun seinerseits das Ruder in die Hand nahm und *Viktoria* sagte, was zu tun und was zu lassen sei, der de facto die Regentschaft führte.

Als er starb, rief sie verzweifelt aus: „Ich habe niemanden mehr, der mir vom Aufstehen bis zum Schlafengehen sagt, was ich zu tun habe."

Das war nicht unrecht gesprochen, denn der industrielle und wissenschaftliche Aufschwung, den England in *Viktorias* Zeiten erlebte, war sein Verdienst.

Nach seinem Tod versank die Königin in Melancholie, aus der sie erst ihr Leibkutscher herausriß, der ihr nun Halt und Stütze war. Aber daß er mehr gewesen sein soll, gehört wohl in den allzu beliebten Klatsch der Geschichte.

Daß sich *Viktoria* nicht uneingeschränkter Beliebtheit erfreute, zeigte einerseits die Schlammschlacht der Presse und andererseits die Anzahl der Attentatsversuche auf die Königin.

Der Prinzgemahl starb 1861, und seine Witwe überlebte ihn um vierzig Jahre. Vierundsechzig Jahre währte ihre Regentschaft, die mit der Blütezeit Großbritanniens als Industrie- und Kolonialmacht zusammenfiel. Es war wohl überhaupt Englands große Zeit, denn nach dem Ersten und vielmehr noch nach dem Zweiten Weltkrieg, der England zwar zu den Siegermächten zählte, blieb vom Glanz des 19. Jahrhunderts nichts als ein Schatten. Von daher wird es psychologisch verständlich, daß das 19. Jahrhundert von den Engländern mit besonderem Stolz genannt und als „Viktorianisches Zeitalter" verklärt wird.

Wir in Deutschland kennen so etwas: auch hierzulande spricht man gelegentlich noch gern vom „Wilhelminischen Zeitalter" und scheint dabei zu vergessen, daß Kaiser *Wilhelm II.* Deutschland keinen rosigen Zeiten entgegenführte, wie er es einst großspurig versprochen hatte.

Viktorias Ehe war mit Kindern reich gesegnet: fünf Töchtern und vier Söhnen schenkte sie das Leben. Zwei Töchter waren Überträgerinnen der kranken Erbanlage, ein Sohn war Bluter.

Ausführliche biographische Angaben zu den erbgesunden Kindern gehören nicht in diese Betrachtung, in der vornehmlich die Konduktorinnen und die kranken Fürsten dargestellt werden sollen.

Von England ausgehend eroberte die Hämophilie, die sich besonders verhängnisvoll in Deutschland, Rußland und in Spanien auswirkte, das europäische Festland.

Bluter in deutschen Fürstenhäusern

Die älteste Tochter, die 1840 geboren und auf den Namen ihrer Mutter getauft wurde, heiratete nach Deutschland und wurde die Gemahlin Kaiser *Friedrichs III.*, der 1888, 99 Tage nach seiner Thronbesteigung, seinem Kehlkopfkrebs erlag. Diese Linie brauchen wir insofern nicht weiter zu verfolgen, als *Viktoria* oder die Kaiserin *Friedrich*, wie sie in Deutschland auch genannt wurde, als Überträgerin ausscheidet, obwohl die Bluterkrankheit zwei Generationen später bei zwei preußischen Prinzen auftrat. Jedoch mit *Viktoria* selbst hatte das nichts zu tun, wohl aber mit einer ihrer Schwestern. (Tafel 6, S. 188).

Es gibt allerdings auch einen versteckten Hinweis darauf, daß *Viktoria* womöglich doch Überträgerin gewesen sein könnte, denn zwei ihrer vier Söhne starben – einer, der zweijährige Prinz *Sigismund* von Preußen, angeblich an einer Hirnhautentzündung. Aber ebensogut hätte es sich auch um eine durch Hämophilie verursachte Hirnblutung gehandelt haben können – so jedenfalls nach der erwähnten Version.

Ich meine, daß diese Hypothese nicht haltbar ist, denn *Viktorias* beide überlebende Söhne, Kaiser *Wilhelm II.* und Prinz *Heinrich* von Preußen, waren gesund – was zunächst nichts besagt –, und ihre vier Töchter müssen es ebenfalls gewesen sein, wenn man deren Nachkommen betrachtet. Und das allerdings besagt etwas.

1841 wurde *Albert Edward*, Prinz von Wales, geboren, der als König *Eduard VII.* 1901 Nachfolger Königin *Viktorias* wurde. Er heiratete Prinzessin *Alexandra*, eine Tochter *Christians IX.* von Dänemark. Da er kein Bluter war, ist er für unsere Betrachtung nicht weiter von Bedeutung.

Die 1843 geborene Prinzessin *Alice* von England war eine Konduktorin und übertrug die Hämophilie durch ihre Vermählung mit dem hessischen Großherzog *Ludwig IV.* nach Deutschland.

Unter ihren sechs Kindern – vier Töchtern und zwei Söhnen – waren die Prinzessinnen *Irene* und *Alice Viktoria* ebenfalls Überträgerinnen – ein Sohn, Prinz *Friedrich* von Hessen, war Bluter. Sein Schicksal war besonders tragisch und wurde von der Öffentlichkeit mit großer Anteilnahme begleitet. Hinzu kam sicherlich die Tatsache, daß er der zweite Bluter nach seinem Onkel

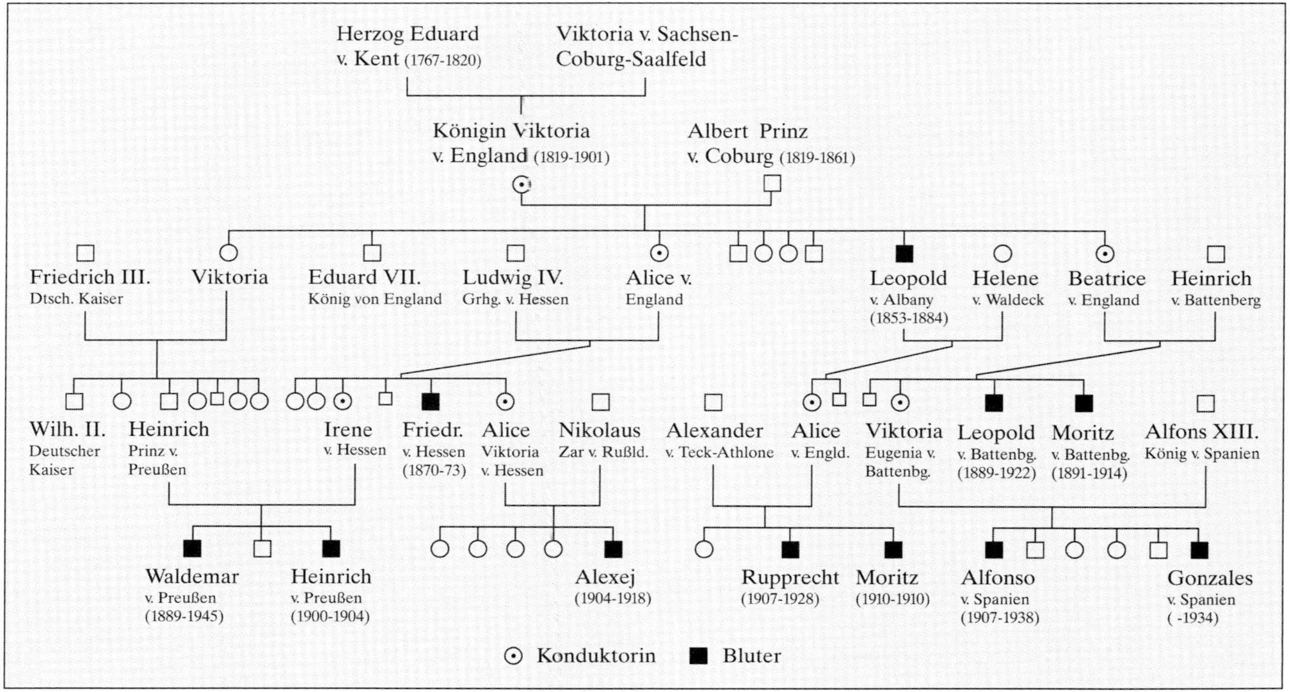

Tafel 6 Bluter in europäischen Fürstenhäusern

Leopold, einem Bruder seiner Mutter, war, und das ließ aufhorchen.

Prinz *Friedrich* wurde am 7. Oktober 1870 geboren und entwikkelte sich zunächst völlig unauffällig. Nach einer längeren Krankheit im Juni 1871 erholte sich der Prinz, um aber nun immer häufiger an den Folgen seiner Hämophilie zu erkranken. Im April 1872 hieß es über seinen Zustand: „Fritz hat wieder endlose Beulen...", im Dezember desselben Jahres: „Besser, aber bleich und schmal infolge seiner Krankheit." Im Februar 1873 kam es zu einer Verletzung am Ohr, die eine dreitägige unstillbare Blutung zur Folge hatte. Jetzt wurde erstmals in einer Anmerkung die Krankheit als Hämophilie bezeichnet. Am 29. Mai 1873 stürzte der kleine Prinz aus dem Fenster eines ersten Stockwerkes, blieb bewußtlos liegen und verstarb nach wenigen Stunden, wahrscheinlich an einer Hirnblutung.

Sein älterer Bruder, *Ernst Ludwig*, der spätere Großherzog von Hessen, war gesund.

Die ältere Schwester *Friedrichs*, Prinzessin *Irene* von Hessen, heiratete *Heinrich* Prinz von Preußen, den jüngeren Bruder Kaiser *Wilhelms II.* – sie war eine Konduktorin. Durch *Irene* von Hessen kam die Hämophilie zu den Hohenzollern, denn zwei ihrer drei Söhne waren Bluter. Der älteste Sohn, *Waldemar* Prinz von Preußen, der mit 56 Jahren für einen Bluter ein hohes Lebensalter erreichte, litt von Kindheit an häufig an schweren Blutungen. Aber bei ihm wirkten die Fortschritte der Medizin schon segensreich, denn häufige Bluttransfusionen verhalfen zum Überleben. Als das in den letzten Tagen des Zweiten Weltkrieges nicht mehr möglich war, verstarb der Prinz am 2. Mai 1945 auf der Flucht aus Niederschlesien an Magenblutungen.

Der mittlere der drei Söhne, Prinz *Sigismund*, war gesund, der jüngste dagegen, Prinz *Heinrich*, verstarb im Alter von vier Jahren nach einem Spielunfall, als er vom Stuhl stürzte und einer Hirnblutung erlag.

Viktoria Königin von Großbritannien und Irland – heiratet Albert Prinz von Sachsen-Coburg-Gotha (Überträgerin)

Alice Prinzessin von England – heiratet Ludwig IV., Großherzog von Hessen (Überträgerin)

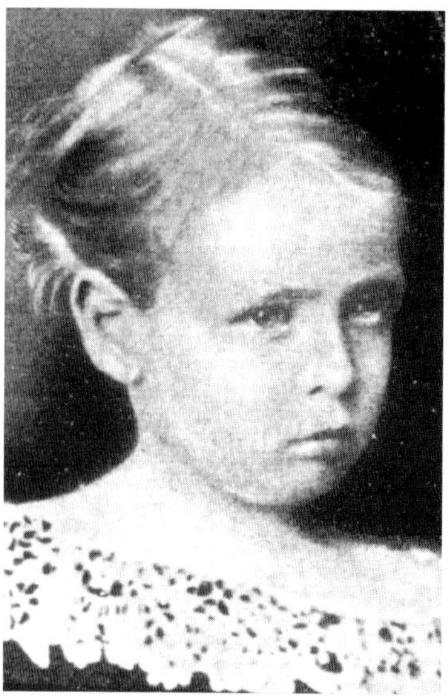

Friedrich Prinz von Hessen (Bluter)

Irene Prinzessin von Hessen – heiratet Heinrich Prinz von Preußen (Überträgerin)

Waldemar Prinz von Preußen (Bluter)

Alice Victoria Prinzessin von Hessen – heiratet Zar Nikolaus II. (Überträgerin)

Alexej – letzter russischer Kronprinz, 1918 ermordet (Bluter)

Bluter in der russischen Zarenfamilie?

Die jüngste Tochter *Ludwigs IV.* und der Prinzessin *Alice* von England, *Alice Viktoria*, heiratete Zar *Nikolaus II.* von Rußland. Sie trug als Zarin den Namen *Alexandra Feodorowna*, trat zum russisch-orthodoxen Glaubensbekenntnis über und umgab sich mit einer merkwürdigen Atmosphäre von Mystik und Spiritismus, in die sie ihren charakterlich labilen Mann mit hineinzog.

1904 wurde ihr einziger Sohn, *Alexej*, geboren. Er war ein Bluter, der die Symptome der Hämophilie in geradezu klassischer Weise zeigte – ebenfalls ein spätes Erbe seiner englischen Urgroßmutter und nicht etwa das der *Romanows*, deren Familiengeschichte keine Neigung zu tödlichen Blutungen aufweist.

Die *Romanows* waren ein altes Bojarengeschlecht, das um 1280 aus Litauen und dem nachmaligen Ostpreußen nach Rußland einwanderte. Die Familie bekleidete schon früh hohe Ämter im Russischen Reich. Auch kam es zu verwandtschaftlichen Bindungen mit dem Hause *Rurik*.

Am 21. Februar 1613 wurde der 17jährige *Michail Feodorowitsch*, ein Sohn des *Philaret Feodor Nikititsch Romanow*, der Metropolit von Rostow und Patriarch von Moskau war und 1598 insofern von sich reden machte, als er als Gegenspieler *Boris Godunows* auf den Plan trat, der 1. Zar aus dieser altrussischen Adelsfamilie. Aber schon 1730 erlosch mit *Peter II.*, einem Enkel *Peters des Großen*, die Familie im Mannesstamm. Die weibliche Linie folgte 1762 mit dem Tode der Zarin *Elisabeth*. *Anna*, eine Schwester *Elisabeths*, heiratete den Deutschen *Karl Friedrich* von Holstein-Gottorp, so daß die korrekte Familienbezeichnung des Zarenhauses in der weiteren Deszendenz bis zu ihrem Ende Holstein-Gottorp-Romanow war. (Tafel 7, S. 193).

Annas Sohn, *Peter III.*, wurde schon kurze Zeit nach seiner Thronbesteigung 1762 ermordet. *Peters* Gemahlin, *Katharina II.*, eine Tochter *Christian Augusts* von Anhalt-Zerbst, war damit bis zu ihrem Tode 1796 die souveräne Herrscherin Rußlands.

Von den nachfolgenden, insgesamt noch sechs Zaren wurden allein zwei weitere ermordet, *Paul I.* im Jahre 1801 und *Alexander II.* 1881.

1894 bestieg *Nikolaus II.*, der letzte Zar, den Thron.

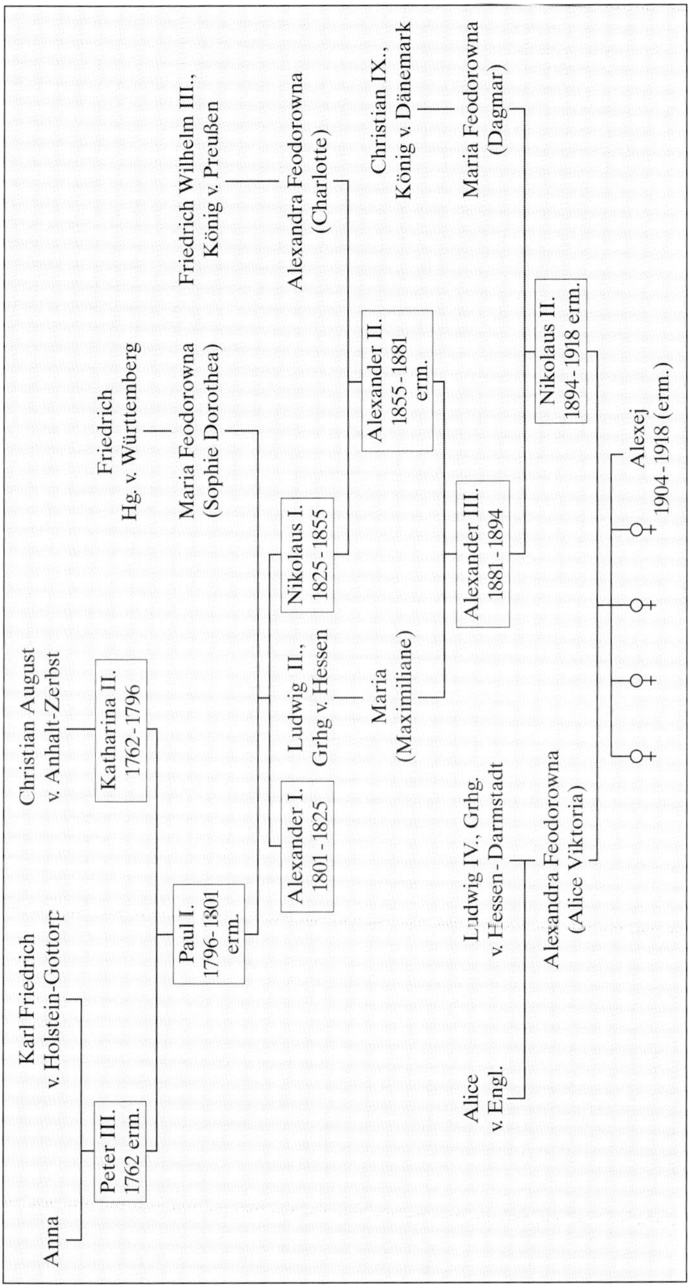

Tafel 7 Stammtafel der Romanows (eigentlich Holstein-Gottorp-Romanow); Alexej – einziger Bluter in der russischen Zarenfamilie

Die Bluterkrankheit des russischen Thronfolgers *Alexej* ist heute noch einigen bekannt, zumindest läßt sich sein Leidensweg nach medizinhistorischen Dokumenten nachzeichnen.

Legt man das heutige Wissen über die Hämophilie zugrunde, dann hat der Zarewitsch mit ziemlicher Sicherheit eine schwere Form der Bluterkrankheit gehabt. Einblutungen in Gelenke und vor allem in den großen Lendenmuskel sind mehrfach belegt, genauso wie die völlige Hilflosigkeit der zu Rate gezogenen Ärzte. Die medizinische Forschung tappte auf diesem Gebiet damals noch völlig im Dunkeln. Was bekannt war, war lediglich der Vererbungsmodus der Bluterkrankheit und natürlich das Krankheitsbild selbst. In therapeutischer Hinsicht gab es bei plötzlich auftretenden Blutungen bis auf symptomatische Maßnahmen wie Bettruhe und Druckverbände nichts.

Wie oft stand der Zarewitsch im Beisein von angesehenen Petersburger Ärzten am Abgrund des Todes, wie oft sehnte sich dieses Kind selbst den Tod herbei. Daß die Umschläge der Ärzte und die Gebete der Eltern seine Ängste nicht mildern konnten, wußte der Junge, der eines Tages die schwere Zarenkrone Rußlands tragen sollte. Ein schier unglaubliches Schicksal, das sich dort in Zarskoje Selo bei St. Petersburg zu Beginn unseres Jahrhunderts zutrug.

Endlich – nach vier Madchen – gab es in Rußland einen Thronfolger und der war krank, schwerkrank sogar. Die Eltern, Zar *Nikolaus II.* und seine deutsche Frau *Alexandra*, wußten alles, und ihr Leben war von Stund' an voll und ganz auf den kranken Thronfolger zugeschnitten. Natürlich versuchte die Zarenfamilie das Geheimnis der Bluterkrankheit des Kronprinzen zu wahren, was insgesamt auch gelungen ist.

Aber das russische Volk, das aus Tradition und einer tiefen Frömmigkeit heraus mit Liebe an seinem Zaren hing – noch gab es die Bolschewisten nicht –, wollte den Thronfolger auch sehen, um ihm huldigen zu können. Auch das gelang gelegentlich, besonders im Ersten Weltkrieg im Mohilew, als sein Vater nach den vernichtenden Niederlagen der Russen den Oberbefehl selbst übernahm und in Mohilew sein Hauptquartier hatte.

Als die Familie noch vereint in Zarskoje Selo lebte, waren lebensbedrohliche Blutungen keine Seltenheit gewesen, und die herbeigerufenen Ärzte hatten angesichts ihrer Ohnmacht diesen Jungen mehr als einmal aufgegeben.

Jedoch der Zarensohn überlebte alle Blutungen, und das verdankte er einem einzigen Mann, der kein Arzt war: *Grigori Jefimowitsch Rasputin*.

Aus heutiger Sicht müssen dessen Fähigkeiten noch mehr erstaunen und im Grunde abgetan werden als zu Zeiten des Zaren, da man heute um die Zusammenhänge der Blutgerinnung weiß. Was allerdings zählt, sind die Fakten, und die sahen damals so aus, daß *Rasputin* jede gefährliche Blutung des Zarewitsch, zu der man ihn rief, zum Stillstand brachte. All das ist heute, wo man den Mechanismus der Blutgerinnung kennt, noch unglaublicher.

Aber *Rasputins* Heilkraft bei der Bluterkrankheit des Zarensohnes ist von vielen Zeitgenossen, auch von seriösen Petersburger Ärzten, mehrfach bezeugt worden, so daß Zweifel nicht mehr angebracht sind.

Alles, was diesem Mann über die „Behandlung" des Zarensohns nachgesagt wurde, stimmte, so schwer es auch fällt, das zu glauben oder eine plausible Erklärung dafür zu finden.

Rasputin besaß ganz offensichtlich einen suggestiven und hypnotischen Einfluß auf Körper und Seele seiner Mitmenschen, denn nur mit Hypnose und Suggestion ist ansatzweise seine magische Kraft denkbar.

Heute, wo alles viel nächterner, dafür aber auch erfolgversprechender ist, kann sich niemand mehr vorstellen, daß durch die hypnotische und suggestive Beeinflussung eines Menschen ein Faktor VIII- oder -IX-Mangel behoben werden kann – und das wurde er wohl auch durch *Rasputin* nicht – aber was war es dann?

Er war, um *Rasputins* Persönlichkeit zu umreißen, ein einflußreicher Mann am Zarenhof, von dem eine magische Anziehungskraft und eine treffsichere Urteilsfähigkeit ausgingen. Außerdem verfügte er über Heilkräfte, die durchaus an Jesus von Nazareth erinnern. Seine Heilkraft bei dem Zarensohn ist bekannt, sie setzte den Zarenhof genug in Erstaunen.

Dieser legendäre Mann aus Sibirien – Wundertäter oder Scharlatan? – hat in der Bluterkrankheit des Zarewitsch eine bedeutende Rolle gespielt. Er soll vorgestellt werden, weil Menschen seines Schlages schicksalhaft für andere werden können.

Wer war *Rasputin*? Geboren wurde er 1863 in Sibirien, in dem kleinen Dorf Prokowskoje im Gouvernement Tobolsk als Sohn eines Bauern, der auch als Fuhrmann sein Dasein bestritt. Durch diesen ländlichen „Taxibetrieb" schleppte der Vater viele Gäste in sein Haus, das zeitweilig zum Logierhaus wurde. *Rasputin* erlebte viele Gespräche von Pilgern, die in die berühmten Klöster von Abalak und Werchoturje weiterzogen. Als intelligenter junger Mann, der allerdings weder lesen noch schreiben lernte, durchbrach er bald die dörfliche Enge, wanderte zu Eremiten, in Klöster, durchzog Rußland, wobei sich seine Spur oft verlor. Damals schon zog er seine Mitmenschen durch hellseherische Fähigkeiten an und machte durch seinen religiösen Eifer genauso auf sich aufmerksam wie durch sein zügelloses Leben. Er war ein Trinker, ein religiöser Eiferer, ein hemmungsloser und triebhafter Mensch, dessen religiöse Veranstaltungen ekstatischen Charakter trugen. Seine Beredsamkeit und seine Überzeugungskraft zogen viele Menschen in seinen Bann, und so erlaubten ihm sogar kirchliche Würdenträger zu predigen und vor Studenten öffentlich zu sprechen. Sein Bekanntheitsgrad nahm ständig zu, wohl auch die Furcht vor ihm.

Auf diese Weise kam *Rasputin* auf einer Pilgerfahrt nach Kasan, von wo es nur noch ein Sprung nach St. Petersburg war. Dort angekommen, öffneten sich ihm sogar die Petersburger Salons, die für jede Abwechslung empfänglich waren, erst recht für eine so pikante wie für diesen Mann, der schon wie ein Heiliger gehandelt wurde und dessen Wundertaten in aller Munde waren.

Problematisch gestaltete sich sein Schritt zum Zarenhof, denn einmal durfte es nicht ruchbar werden, daß der sibirische Bauer sozusagen beim Zaren ein- und ausging, und zum anderen war es verräterisch, *Rasputin* gerade dann zu rufen, wenn es dem Thronfolger offenbar schlecht ging. Aber *Rasputin* machte sich auch am Zarenhof bald unentbehrlich, denn ihm gelang, was kein Arzt zuwege brachte: er behandelte jede schwere Blutung des Zarensohns so erfolgreich, daß seine Anwesenheit den Eltern und dem kleinen Patienten die Ängste nahm. So wurde er zum engsten Vertrauten der Zarin, die diesem Wundertäter aus Sibirien kritiklos ergeben war. Aber auch die Beziehung zum Zaren gestaltete sich nicht viel anders, von *Alexej*, dem Leidtragenden, ganz zu schweigen. Für ihn war *Rasputin* der Freund, der ihm phantastische Märchen aus dem fernen Sibirien erzählte und ihm dabei immer die Schmerzen nahm.

Rasputin war aus dem Leben der Zarenfamilie nicht mehr wegzudenken. Daran änderte sich auch nichts, als man dem Zaren glaubhafte Berichte über *Rasputins* zügelloses Leben und dubiöse Verbindungen zuspielte. Selbst wenn der Zar ins Wanken kam und *Rasputin* besser für geraume Zeit St. Petersburg verlassen mußte, war die Zarin in ihrem Glauben an *Rasputin* durch nichts zu erschüttern. Wie sollten ihr auch die geringsten Zweifel kommen, hatte *Rasputin* doch gerade eine hypnotische Fernheilung bei dem akut erkrankten *Alexej* vom fernen Sibirien aus bewirkt?!

Die Schlinge um *Rasputin*, die allerdings längst von Neidern und Widersachern gelegt war, zog sich erst langsam zu, als er nach politischem Einfluß strebte und den vor allem auch gewann.

Sein hochgestochener Versuch, den Krieg zu verhindern, zumindest aber Rußlands Teilnahme, war gescheitert. Lag es daran, daß er um die Zeit tausende von Kilometern entfernt war? Aber er empfahl dem Zaren, nach den empfindlichen Niederlagen Rußlands den Oberbefehl selbst zu übernehmen. Immer noch war der Zar für das Volk eine Galionsfigur, zu der man aufsah und die auch geliebt wurde. *Rasputin* kannte die Stimmung im Volk, denn er war ein Mann aus dem Volk, und er wußte, daß nun der Zar selbst gefordert war, sollte sich das Kriegsglück Rußland noch einmal zuwenden.

Unter Eingeweihten löste es Verwunderung aus, daß *Nikolaus II.* seinen kranken Sohn mit in sein Hauptquartier nach Mohilew nahm. Die Gefahr, sich dort zu verletzen in einfacher Umgebung ohne Komfort war natürlich größer als in wohlbehüteter Umgebung in Zarskoje Selo. Aber der Schritt war abgesegnet, *Rasputin* stand dahinter, und es passierte nichts. Als es dann aber am 15. Dezember 1915 doch zu einer unstillbaren Blutung aus der Nase kam, vollbrachte *Rasputin* ein weiteres Wunder. Sein Eingreifen führte auch diesmal zum Erfolg. Am wunderbarsten war aber, daß *Rasputin* gerade vor dieser Reise des Zarewitsch gewarnt hatte. Neben seiner Heilkraft bewunderte man zu Recht seine hellseherischen Fähigkeiten auf's neue.

Aber *Rasputins* Tage waren gezählt. Schon vor Ausbruch des Krieges hatten die Presse und die Duma lautstark seine Verbannung gefordert, und wie durch ein Wunder hatte er das Attentat im fernen Sibirien überlebt. In der Nacht zum 17. Dezember 1916 wiederholte sich kein Wunder mehr – *Rasputin* wurde ermordet und mußte den Zarensohn allein zurücklassen.

Das Schicksal nahm nun seinen Lauf, aber doch so ganz anders als es irgend jemand voraussehen konnte.

Im März 1917 wütete in St. Petersburg die Revolution, der Zar dankte ab.

Auf Veranlassung *Kerenskis* wurde die Zarenfamilie am 14. August 1917 in das sibirische Tobolsk gebracht – aus Sicherheitsgründen, wie es hieß – was wohl auch stimmte. Ein gutes halbes Jahr lebte die Familie fernab von St. Petersburg – aber es war ein ereignisreiches halbes Jahr, denn in dieser Zeit hatten die Bolschewisten die Macht für sich beansprucht. Auf ihren Befehl erfolgte am 26. April 1918 die Verlegung der Zarenfamilie nach Jekaterinenburg im Ural, wo die gesamte Familie, der Zar und die Zarin, ihre vier Töchter und *Alexej* in der Nacht zum 17. Juli 1918 von Bolschewisten erschossen wurde.

Der Thronfolger hatte ausgelitten, aber auf eine so unmenschliche Weise, daß man sich mit Grauen abwendet, auch heute noch.

Weitere Fürstenhäuser

Nachdem wir die ersten drei Kinder der englischen Königin *Viktoria* vorgestellt und die Nachkommen der erbkranken Prinzessin *Alice* von England bis hin zum letzten russischen Thronerben kennengelernt haben, wenden wir uns den anderen sechs Kindern *Viktorias* zu, um die Hämophilie weiter zu verfolgen.

Der im Jahre 1844 geborene Sohn *Viktorias*, Prinz *Alfred*, heiratete die Großfürstin *Maria* von Rußland, eine Tochter des 1881 ermordeten Zaren *Alexander II.* Da er kein Bluter war, scheidet er aus unserer weiteren Betrachtung aus. Auf seine Schwestern *Helene* und *Luise*, die 1846 und 1848 geboren wurden, sowie auf deren Nachkommen wollen wir ebenfalls nicht näher eingehen, da sie alle gesund waren. Dasselbe trifft auch auf den nächstfolgenden Bruder, Prinz *Arthur*, zu, der 1850 geboren wurde.

Dann aber änderte sich das Bild, und der 1853 geborene Sohn, Prinz *Leopold* oder der Herzog von Albany, war ein sicherer Bluter. Er war von Geburt an kränklich und hatte eine „Haut so dünn wie Seidenpapier". 1874 erkrankte er infolge seiner Hämophilie so schwer, daß er acht Monate lang weder gehen noch stehen konnte. Im Januar 1875 stellten sich schwere Darmblutungen ein. *Leopold* starb im blühenden Alter von 31 Jahren – er war verblutet. Zugleich ist er der älteste bekannte fürstliche Bluter und der einzige unter *Viktorias* vier Söhnen. Knapp zwei Jahre vor seinem Tod hatte *Leopold* die Prinzessin *Helene* von Waldeck geheiratet. Aus dieser Verbindung gingen zwei Kinder hervor: *Alice* Prinzessin von England und der Herzog *Karl Eduard*, der nach den Regeln des Erbgangs gesund sein mußte. Da alle Töchter eines Bluters ohne Ausnahme Konduktorinnen sind, mußte *Alice* Überträgerin werden. Ihrer Ehe mit *Alexander* Fürst von Teck-Athlone entstammten drei Kinder. Die einzige Tochter *May* blieb kinderlos, so daß Aussagen bezüglich einer hämophilen Erbanlage nicht getroffen werden können. Der ältere Sohn, *Rupprecht* Fürst von Teck, hatte die Hämophilie. Er verblutete mit 21 Jahren 1928 nach einem Autounfall in Frankreich. Sein jüngerer Bruder *Moritz*, der 1910 geboren wurde, starb schon mit fünfeinhalb Monaten. Ob er ein Bluter gewesen ist, läßt sich nicht mehr zuverlässig beurteilen, obwohl er fast überall als solcher geführt wird.

Die Battenbergs und Spanien

Als letztes Kind der Königin *Viktoria* wurde 1857 die Prinzessin *Beatrice* von England geboren, die wie ihre 14 Jahre ältere Schwester *Alice* eine Konduktorin war. Sie heiratete *Heinrich* Prinz von Battenberg, einen Sohn des Prinzen *Alexander* von Hessen und der *Julie* Gräfin von Hauke.

Die Battenbergs, eine hessische Familie, standen im letzten Viertel des vergangenen Jahrhunderts kurz im Brennpunkt der Geschichte, weniger *Heinrich* selbst, aber sein Bruder *Alexander*.

Heinrich Prinz von Battenberg wurde am 5. Oktober 1858 geboren. 1885 heiratete er *Beatrice* Prinzessin von England. Als englischer Großadmiral starb *Heinrich* 1896 an Bord des Kreuzers Blonde auf der Fahrt von Sierra Leone nach Madeira. *Heinrich* war politisch bedeutungslos, anders sein Bruder *Alexander*, der für kurze Zeit ins politische Rampenlicht geriet.

Die Berliner Konferenz von 1878 hatte den Balkanstaat Bulgarien neu entstehen lassen, und *Alexander* von Battenberg wurde im April 1879 auf Vorschlag des Zaren zu seinem ersten Herrscher gewählt – als solcher trug er nun den Titel Fürst von Bulgarien. Aber ihm behagte es nicht lange, Herrscher von Rußlands Gnaden zu sein, und so strebte er sehr bald schon nach bulgarischer Unabhängigkeit und suchte, sich dem russischen Sog zu entziehen. Der 1885 zwischen Serbien und Bulgarien ausbrechende Krieg fand nach zwei Wochen sein Ende: Ostrumelien wurde Bulgarien angeschlossen, und Fürst *Alexander* wurde zum Gouverneur dieser neuen Provinz. Zar *Alexander III.* hatte dem Treiben zugesehen, aber er vergaß nicht, wie sich der jugendliche Battenberg vor seiner Haustür aufspielte. Mittlerweile gab es eine lange Rechnung aus russischer Sicht, die zu begleichen war, und 1886 war die Geduld des Gläubigers am Ende: er präsentierte *Alexander* die Rechnung.

Am 22. August 1886 wurde der Fürst von Verschwörern nach Russisch-Bessarabien gebracht und gewaltsam zur Abdankung gezwungen, in die er am 4. September einwilligte.

Doch kehren wir zurück vom Balkan zu *Heinrich* von Battenberg und seiner englischen Gemahlin. Aus ihrer Ehe gingen vier Kinder hervor, bei denen das mütterliche Erbe besonders verheerend war. Der älteste Sohn, *Alexander Albert*, Marquess of Carrisbrooke, war gesund, seine Schwester, *Viktoria Eugenia* – Ena genannt –, hatte das mütterliche Erbe angetreten und mußte es weiterreichen.

Der zweite Sohn der Battenbergs, Lord *Leopold Mountbatten* – der englische Zweig der Battenbergs nannte sich seit 1917 Mountbatten –, war ein sicherer Bluter und starb nach einer Blinddarmoperation an einer Verblutung. Der jüngste Sohn, Lord *Moritz* von Battenberg, wurde im Ersten Weltkrieg verwundet und verblutete – auch er hatte die Hämophilie geerbt.

Leopold Herzog von Albany (Bluter)

Beatrice Prinzessin von England – heiratet Heinrich Prinz von Battenberg (Überträgerin)

Alfonso Kronprinz von Spanien (Bluter)

Zwei von drei Söhnen waren Bluter, die einzige Tochter *Ena* eine Konduktorin. Sie heiratete den spanischen König *Alfons XIII.* Nach den Regeln des Erbgangs gab sie ihr Hämophilieleiden geradezu lehrbuchhaft weiter, denn zwei von ihren vier Söhnen waren Bluter.

1931 wurde König *Alfons XIII.* durch die Revolution in Madrid zur Abdankung gezwungen und floh mit seiner Familie über Frankreich nach Italien. Sein ältester Sohn, Prinz *Alfonso* von Asturien, verblutete mit 31 Jahren nach einem Autounfall im nordamerikanischen Exil. Vier Jahre vor ihm, 1934 war Prinz *Gonzales*, der jüngste Sohn *Enas* unter ähnlichen Umständen ums Leben gekommen.

Die beiden Brüder, *Alfonso* und *Gonzales* von Spanien, waren sichere Bluter, zwei weitere Brüder, *Jaime* Herzog von Segovia und *Juan* Graf von Barcelona, waren gesund, ihre beiden Schwestern waren es offenbar auch. Ob sie es wirklich waren, kann bestenfalls vermutet, aber nicht bewiesen werden. Die beiden Söhne der älteren Tochter waren keine Bluter. Wie es sich mit deren Schwestern und den vier Töchtern der älteren Tochter *Enas* verhielt, ist schwer zu beurteilen – Hinweise darauf, daß sie Überträgerinnen waren, werden in der einschlägigen Literatur vermißt.

Damit schließt sich der Kreis, der in England seinen Anfang nahm und sich rund um den europäischen Kontinent zog.

Anfang und Ende

Am Anfang dieser schicksalhaften Krankheit, die sich wie ein Flächenbrand über Europas Fürstenhäuser ausbreitete, stand die englische Königin *Viktoria*.

Der Hämophilie stand man noch im 19. und auch zu Beginn unseres Jahrhunderts völlig hilflos gegenüber. Das einzige, was man wußte, war, daß Frauen, die niemals selbst erkrankten, das Blutungsübel übertrugen und daß die todbringende Krankheit nur Männer traf. Aber das war auch alles. Eine mögliche Behandlung, die wirklich half, war nicht in Sicht.

Daß das unendliche Leid, welches über die betroffenen Fürstenhäuser hereinbrach, von *Viktoria* ausging, hat sie selbst noch erfahren müssen, denn ihr einziger Sohn *Leopold* und ihr Enkelsohn Prinz *Friedrich* von Hessen starben noch zu ihren Lebzeiten an der Bluterkrankheit und zwei weitere hämophile Enkel, die Prinzen *Leopold* und *Moritz*, waren schon geboren, zwei Urenkel, die Prinzen *Waldemar* und *Heinrich* von Preußen, waren es auch. Das überschattete das Leben der alternden Königin – jedoch eine Schuld trägt sie nicht, weil es eine Schuldfrage nicht gibt.

Wir haben darauf hingewiesen, daß man bei den Vorfahren der Königin vergebens nach der Bluterkrankheit sucht, und auch bei der Suche in den deutschen Fürstenfamilien, in die sie eingeheiratet hatte, bislang erfolglos blieb.

Demzufolge drängt sich der Schluß auf, daß *Viktoria* selbst am Anfang dieser Reihe stand und sie die erste Überträgerin war.

Die Ursache des spontanen Auftretens kann in einer Neumutation liegen, denn immerhin sollen etwa ein Drittel aller Hämophiliefälle dadurch entstehen. Derartige Neumutationen können spontan, sozusagen „endogen" oder auch wie Mißbildungen durch äußere Faktoren, durch mutagene chemische, physikalische und andere Agenzien zustandekommen. Wir wissen heute, daß Veränderungen im Erbgefüge auch durch Strahlen und durch Viren entstehen können. Weiterhin ist bekannt, daß Mutationen zu Hämophilie fast ausschließlich in der Spermatogenese aufzutreten scheinen und so ausnahmslos zu Frauen gelangen, die demzufolge ungleicherbig sind, so daß die Erkrankung selbst frühestens bei ihren Söhnen auftritt.

Ein deutlicher Anstieg der Neumutationsrate korreliert auch mit dem Zeugungsalter der Väter. Besonders deutlich wird das bei der Hämophilie. Nach Literaturangaben steigt die relative Häufigkeit von Neumutationen zu Hämophilie zwischen dem 20. und 40. Lebensjahr des Vaters auf das Zehnfache. *Viktorias* Vater, der Herzog von Kent, war bei der Geburt seiner Tochter 52 Jahre alt, und die Wahrscheinlichkeit für eine Neumutation zu Hämophilie lag damit mindestens zehnmal über dem durchschnittlichen Zeugungsalter.

Als Hypothese für die mögliche Ursache scheint dieser Aspekt durchaus diskutabel zu sein, wenn sich nicht doch noch eines Tages in der weiteren Aszendenz *Viktorias* Vererbung nachweisen läßt. Das allerdings ist wenig wahrscheinlich, da wir ihre Stammtafel zurückverfolgen konnten und keinerlei Anhaltspunkte fanden.

Unter allen möglichen Entstehungsfaktoren für eine Neumutation halten wir das relativ hohe Alter von *Viktorias* Vater für die wahrscheinlichste Ursache. Damit nahm das verhängnisvolle Erbe mit dem Herzog *Eduard* von Kent seinen Anfang, und *Viktoria* selbst wurde zur ersten Überträgerin.

Hinsichtlich der Nomenklatur wäre es natürlich außerordentlich interessant, die als klassisch und alteuropäisch zu bezeichnende erbliche Bluterkrankheit der fürstlichen Familien als Hämophilie A oder B aufzuklären. Geht man von der Häufigkeitsverteilung aus, so ist wohl am ehesten an einen Faktor VIII-Mangel zu denken, also an eine Hämophilie A. Noch beim Tode des preußischen Prinzen *Waldemar* im Jahre 1945 wußte man nichts um diese Dinge, die erst nach dem Zweiten Weltkrieg entdeckt wurden. Bis dahin wurde eine einheitliche Ursache angenommen, zumal sich die Krankheitsbilder selbst auch nicht unterscheiden. Die Beantwortung der Frage, ob Hämophilie A oder B muß damit weiter offenbleiben.

Hatte die Krankheit – und diese Frage ist ja keineswegs uninteressant – auch politische Konsequenzen? Hat sie den Lauf der Geschichte beeinflußt? *Haldane* war der Meinung, daß Königin *Viktoria* im Grunde verantwortlich für die russische und spanische Revolution sei. Davon kann natürlich keine Rede sein. Die politischen Konsequenzen hielten sich bei den meisten Betroffenen in Grenzen, da sie ohnehin nicht in die erste politische Reihe gestellt waren, bis auf den einzigen Sohn des letzten Zaren und den Kronprinzen *Alfonso* von Spanien.

Der Zufall der Geburt hatte es überwiegend so eingerichtet, daß die erstgeborenen Söhne keine Bluter waren. Das trifft auf *Viktorias* Nachfolger, den König *Eduard VII.*, genauso zu wie auf *Ernst Ludwig*, den Großherzog von Hessen. Theoretisch hätte auch die älteste Tochter *Viktorias* Überträgerin sein können und Kaiser *Wilhelm II.* wäre womöglich ein Bluter gewesen. Aber es ist sinnlos, dieses Gedankenspiel fortzusetzen, da wir uns lediglich im Konjunktiv bewegen können.

Politische Konsequenzen hätte tatsächlich die Hämophilie des letzten russischen Thronerben haben können, denn unter insgesamt fünf Kindern war er der einzige Sohn. Daß die russische Monarchie durch die bolschewistische Revolution beseitigt würde, war zu Beginn unseres Jahrhunderts nicht vorauszusehen, und so waren alle Ängste und Sorgen des Zaren um den Fortbestand der Monarchie im Mannesstamm voll und ganz berechtigt.

In der spanischen Monarchie ergeben sich echte Parallelen, denn der Nachfolger König *Alfons' XIII.*, Kronprinz *Alfonso* von Spanien, war ein Bluter. In Madrid wie in St. Petersburg wären politische Konsequenzen unausweichlich geworden, aber hier wie dort wurde der Monarch gestürzt, bevor es zum Thronwechsel kam – der Zar wurde sogar getötet.

Die Geschichte ging andere Wege, denn Revolutionen beseitigten die Monarchien, und in keinem Fall hatte die historische Änderung etwas mit der Hämophilie der Thronerben zu tun. Sie war damit auch alles andere als etwa ein spätes politisches Erbe der englischen Königin *Viktoria*.

Wer immer auch *Viktoria* war und welch' schwere Bürde sie ihren Nachkommen auflud – die Lunte für spätere Revolutionen hat sie nicht gelegt, um nochmals auf *Haldane* zu sprechen zu kommen, selbst wenn sich einem bei soviel Unsinn die Feder sträubt.

Literaturhinweise

Bergengruen, W.: Am Himmel wie auf Erden. Im Bertelsmann-Lesering.

Das Grabmal Kaiser Maximilians I. in der Innsbrucker Hofkirche. Wien: Anton Schroll u. Co. 1986.

Der Große Kurfürst. Staatliche Schlösser und Gärten Potsdam-Sanssouci 1988.

Der Soldatenkönig als Maler. Staatliche Schlösser und Gärten Potsdam-Sanssouci 1990.

Dohrn, M.: Die Theorie der Gicht. Medizinische Mitteilungen Schering-Kahlbaum AG 1, Heft 1. Berlin 1929, S. 10–13.

Fischer, M.: Hämophilie und Blutsverwandtschaft. 1932.

Fischer, M.: Hämophilie und Blutsverwandtschaft – Nachtrag. 1932.

Fischer, M.: Zur Geschichte der Bluterkrankheit.

Fontane, Th.: Wanderungen durch die Mark Brandenburg. Fontane-Bibliothek. Frankfurt/M.–Berlin–Wien: Ullstein GmbH 1984.

Freye, H.-A.: Humangenetik. 3. bearb. u. erg. Aufl. Berlin: Volk und Gesundheit 1981.

Gajda, Z.: Zum Erblichkeitsproblem der Progenie aus kunsthistorischer und historischer Sicht. Würzburger medizinhistorische Mitteilungen Band 4 (1986), S. 203–233.

Galippe, V.: L 'hérédité des stigmates de dégénérescence et les familles souveraines. Paris: Masson et Cie. 1905.

Garrod, A. B.: Die Natur und Behandlung der Gicht und der rheumatischen Gicht. Würzburg: Richter 1861.

Gicht – eine kulturhistorische Studie. Medizinische Mitteilungen 1 (1929), 1 bis 19.

Gloger, B.: Friedrich Wilhelm. Kurfürst von Brandenburg. Berlin: Neues Leben 1985.

Gonda, I. u. E. Niederhauser: Die Habsburger. 2. Aufl. Budapest: Corvina Kiadó 1985.

Grabb, W. C., G. P. Hodge, R. O. Dingman and R. M. Oneal: The Habsburg jaw. Plast. reconstr. surg. 42, (1968), 442–447.

Grafe, E.: Die Gicht. Dtsch. med. Wschr. 78 (1953), 867–871.

Gries, F. A., Th. Koschinsky u. M. Toeller: Gicht (Arthritis urica). In: Lehrbuch der inneren Medizin. Hrsg. von *W. Siegenthaler, E. Kaufmann, H. Hornbostel u. H. D. Waller*. Stuttgart–New York: Georg Thieme 1984, S. 15.5.–15.9.

GStA Merseburg: Zitate aus Briefen, Arztberichten und Sektionsprotokollen.

Haecker, V.: Der Familientypus der Habsburger. Zschr. f. induktive Abstammungs- und Vererbungslehre. VI. Bd. 1911/1912. Berlin: Gebr. Borntraeger 1912.

Hamann, B.: Die Habsburger. 3. korrigierte Aufl. München: R. Piper 1988.

Heinz, G. u. K. Schütz: Porträtgalerie zur Geschichte Österreichs von 1400 bis 1800. 2. durchgesehene Aufl. Wien: Kunsthistorisches Museum.

Heyck, H.: Friedrich Wilhelm I. Berlin: Zeitgeschichte 1936.

Hintze, O.: Die Hohenzollern und ihr Werk. 7. Aufl. Berlin: Paul Paretz 1916.

Jagdschloß Grunewald, 3. Aufl. Berlin, Verwaltung der staatlichen Schlösser und Gärten 1988.
Jäger, O.: Deutsche Geschichte. Band 1 und 2. München: Becksche Verlagsbuchhandlung 1914.
Kantorowicz, A.: Die Progenie und ihre Vererbung. Deutsche Monatsschrift für Zahnheilkunde 1915, Heft 3, S. 105–128.
Kathe, H.: Der „Soldatenkönig". Berlin: Akademie-Verlag 1978.
Klepper, J.: Der Vater. Stuttgart: Deutsche Verlags-Anstalt 1937.
Klepper, J.: In tormentis pinxit. Stuttgart: Deutsche Verlags-Anstalt 1938.
Klug, W. J.: Über die Kirchheimer Bluterfamilien (Mampel). Dtsch. Zschr. f. Chir. 199 (1926), 145–151.
Koch, F. u. H.-R. Wiedemann: Die Tragik der Hämophilie. Der Kinderarzt 17 (1986), 1801–1806.
Landbeck, G. u. K.-H. Schäfer: Hämophilie (Bluterkrankheit). In: Lehrbuch der Kinderheilkunde. Hrsg. von *E. Feer, G. Joppich u. F. J. Schulte*. 24. Aufl. Stuttgart: Fischer 1980.
Lange-Eichbaum, W.: Genie, Irrsinn und Ruhm. 5. Aufl. München–Basel: Ernst Reinhardt 1961.
Lehmann, W.: Die Hämophilie in den europäischen Fürstenhäusern. Hämophilie-Blätter 3 (1971), 18–20.
Lenz, W.: Medizinische Genetik. 6. überarb. Aufl. Stuttgart–New York: Thieme 1983.
Lorenz, O.: Genealogisches Handbuch der europäischen Staatengeschichte. Berlin: W. Hertz 1895.
Lorenz, O.: Lehrbuch der gesamten wissenschaftlichen Genealogie. Berlin: W. Hertz 1898.
Mamlock, G. L.: Friedrichs des Großen Beziehungen zur Medizin. Berlin: A. Duncker 1902.
Marx, R.: Über Hämophilien und Pseudohämophilien. Münch. Med. Wschr. 101 (1959), 881–885.
Marx, R.: Über Hämophilien. Dtsch. med. J. 19 (1968), 489–495.
Mertz, D. P.: Gicht. Stuttgart: Thieme 1971.
Mertz, D. P.: Geschichte der Gicht. Stuttgart–New York: Georg Thieme 1990.
Müller-Dietz, H.: J. Chr. Loders Beziehungen zu Berlin, zu Preußen und zu seinem König, Friedrich Wilhelm III. Sudhoffs Archiv Bd. 71, Heft 1 (1987), S. 12–30.
Nanninga, K. J.: Die Ehre der Gicht. Münstersche Beiträge zur Geschichte und Theorie der Medizin. 13 (1978), 37–48.
Neumann, H.-J.: Zur Vererbung der Progenie am Beispiel des Hauses Habsburg. Dtsch. Ges. Wesen 39 (1984), 1148–1153.
Neumann, H.-J.: In tormentis pinxit. Z. Klin. Med. 40 (1985), 528–532.
Neumann, H.-J.: Das Erbe der Königin Viktoria von England. Z. Klin. Med. 40 (1985), 1395–1397.
Neumann, H.-J.: „Ihr Mittel hat Geist, denn es weiß, wo mein Übel sitzt". Z. Klin. Med. 41 (1986), 155–157.

Neumann, H.-J.: „Ich fühle, daß ich allmählich meiner Auflösung entgegengehe..." Karl V. – Herrscher und Beherrschter. Dtsch Z Mund Kiefer Gesichts-Chir 10 (1986), 85–90.

Neumann, H.-J.: Weltgeschichte im Spiegel von Krankheiten. München: Quintessenz 1991.

Reichenbach, E.: Der Habsburger Kiefer. Med. Bild 13 (1970), 112–115.

Rothschild, N.: Über das Alter der Hämophilie. München: Med. Diss. 1882.

Rubbrecht, O.: La prognathie inférieuré dans la maison de Habsburg et l'hérédité. Rev. belge stomat. 27 (1930), 175.

Rubbrecht, R.: L'origine du type familial de la maison de Habsburg. Brüssel 1910.

Schloeßmann, H.: Die Hämophilie in Württemberg. Genealogische, erbbiologische und klinische Untersuchungen an 24 Bluterfamilien. ARGB. Bd. 16, Heft 1–4, 1924.

Schloeßmann, H.: Die Hämophilie. Neue Deutsche Chirurgie. Begr. von P. v. Bruns, Hrsg. v. H. Küttner, 47. Bd. Stuttgart: F. Enke 1930.

Schoeps, H.-J.: Preußen. Geschichte eines Staates. Frankfurt/M.–Berlin–Wien: Ullstein GmbH 1981.

Schulze, Chr. u. W. Wiese: Zur Vererbung der Progenie. Fortschr. Kieferorthop. 26 (1965), 213–229.

Schwenzer, N. u. W. Steinhilber: Chirurgische Kieferorthopädie. In: Zahn-Mund-Kiefer-Heilkunde. Hrsg. v. N. Schwenzer u. G. Grimm, Bd. 2 Stuttgart–New York: Georg Thieme 1981, 415–463.

Stradonitz, Kekulé v.: Streifzüge durch die neuere medizinisch-genealogische Literatur. In: Mitteilungen der Zentralstelle für deutsche Personen- und Familiengeschichte. 3. Heft. Leipzig: Breitkopf u. Härtel 1908, S. 36–54.

Strauß, H.: Die Stoffwechselkrankheiten: Fettsucht, Zuckerkrankheit, Gicht und ihre Verhütung. Leipzig: M. Hesse.

Strohmayer, W.: Die Vererbung des Habsburger Familientypus. Archiv für Rassen- und Gesellschaftsbiologie. Hrsg. v. A. Ploetz. 8. Jahrgang. Leipzig und Berlin: B. G. Teubner 1911, S. 775–785.

Strohmayer, W.: Die Vererbung des Habsburger Familientypus. Nova acta Leopoldina. Hrsg. v. E. Abderhalden. Neue Folge. Bd. 5, Nr. 29, Halle 1937, S. 219 bis 296.

Stürzbecher, M.: Zur Therapie der Wassersucht bei Friedrich Wilhelm II. von Preußen. Sudhoffs Archiv 41 (1957), 10–18.

Stürzbecher, M.: Der Obduktionsbericht über Friedrich Wilhelm I. von Preußen. Deutsch. med. J. 15 (1964), 845–847.

Stürzbecher, M.: „Ihr noch der Welt mehr Nutzen stifften könnet". Friedrich Wilhelm I. in Preußen und die Medizin. Bär von Berlin, Jb. Ver. Gesch. Berl. 14 (1965), 28–48.

Sydenham, Th.: Abhandlung über die Gicht (1681). In: Klassiker der Medizin. Hrsg. v. Karl Sudhoff, Bd. 6. Leipzig: J. A. Barth 1910.

Talbott, J. H.: Die Gicht. 3. Aufl. Stuttgart: Hippokrates 1967.

Thorwald, J.: Blut der Könige. Hamburg: Stern-Bücher 1954.

Treue, W.: Mit den Augen ihrer Leibärzte. Düsseldorf: Droste 1955.

van Thiel, D.: Das Zipperlein zwickt böse in guten Zeiten. Ther. d. Gegenw. 122 (1983), 10–19.

Venzmer, G.: Die Romanoffs und die Bluterkrankheit. In: Krankheit macht Weltgeschichte. 2. erw. Aufl. Stuttgart: Franckh'sche Verlagshandlung 1960, S. 279–289.

Vorberg: Der Alte Fritz und die Ärzte. Arch. f. Gesch. d. Naturwissenschaft u. Technik 1913, S. 407 ff.

Waltz, O.: Die Denkwürdigkeiten Kaiser Karls V. Eine Studie zur Geschichte des 16. Jahrhunderts. Bonn: E. Strauß 1901.

Zichy, Graf Th.: Familientypus und Familienähnlichkeiten. Correspondenz-Blatt der deutschen Gesellschaft für Anthropologie, Ethnologie und Urgeschichte. XXIX. Jahrgang Nr. 6 1898, S. 41–44 und 51–52.

Zöllner, N.: Die Behandlung der Gicht. Dtsch. med. Wschr. 81 (1956), S. 1997.

Zöllner, N.: Gicht. Dtsch. med. Wschr. 84 (1959), S. 920.

Zöllner, N.: Hyperurikämie und Gicht. Berlin–Heidelberg–New York: Springer 1980.

Register